Sakurai Kunihiko
桜井 邦彦　中国新聞社文化部記者

# 人口減少寺院の底力

地方紙記者のインパクトルポ

興山舎
KOHZANSHA

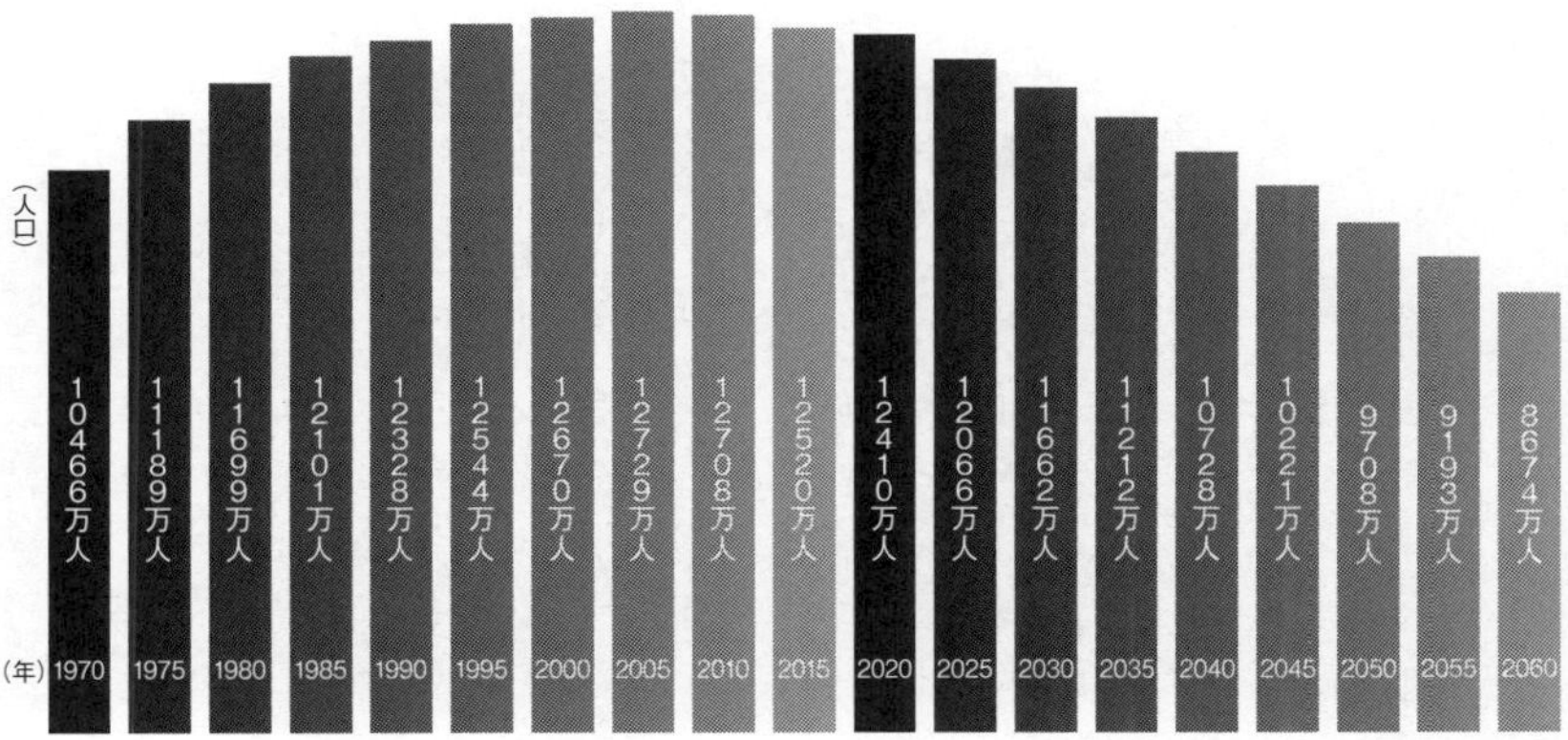


グラフは総務省『情報通信白書 平成28年版「我が国の人口の推移」』をデザイン化したものです

# はじめに　―寺院の現状と役割

「洗心」という名物紙面が、中国新聞にある。毎週月曜日に一ページを割き、心をテーマに宗教の今などを伝える。全国に数ある日刊紙の中でも珍しい紙面だろう。このページは、中国新聞社が本社を置く広島の伝統に由来する。この地域は「安芸門徒」と言われるように、浄土真宗が古くから盛んだ。寺数が非常に多く、歩いて行ける範囲に浄土真宗本願寺派の数カ寺が密集している地域もある。

私は、文化部記者として二〇一三年春から二〇一七年夏にかけて洗心を四年半担当した。お恥ずかしい限りだが、それまでは宗教とのつながりは葬儀、法事くらいで、私にとって寺は、法要を通した先祖との接点に過ぎなかった。けれども、知識がない分、真っさらな状態で寺の取材ができ、「寺は何のためにあるのか」「真の信心とは」など、いろんなことを考えさせられた。取材先では、ご住職が「中国新聞で洗心を担当されている桜井記者です」と門信徒の皆さんに紹介してくれる。すると、年配の方々が念仏を唱え、手を合わせる。阿弥陀如来のはたらきで、こうした一つ一つの出遇いへの感謝の言葉が自然と出てくることに敬服した。

取材を通して、中山間地域などで廃寺を見かけることが増えた。近隣のご住職にうかがうと、寺に跡継ぎがいないことや、地域そのものが限界集落になっている——といった事情を教えてくださった。疑問も湧いてきた。そもそも、こんなに狭いエリアになぜ寺が密集してあったのだろうかという点だ。

そうした中、中国地方の寺院はどうなっているのかという現状をひもとこうと、寺の過疎問題についての取材を始めた。見えてきたのは、寺の驚くべき疲弊ぶりだった。信仰が盛んだった中国山地の寺院住職の多くが、専業による運営の限界を訴えたのだ。自分の代での幕引きを考えている住職も決して珍しくはなかった。

一方で、住職や門信徒たちも手をこまねいているだけではなく、地域と寺を結びつける取り組みも少なくないことに驚かされた。地域で代々守ってきた寺の行く末は、地域そのものの未来に直結する——という危機感からだろう。「延命措置でしかないのかとも思う。境内でイベントを開いたからと言って、寺が即活気付くはずはない。じゃがね、一日でも長く、この寺に灯があってほしい」。そう話す高齢住職の言葉が、過疎地域の寺院の置かれた状況を象徴している。住民にとっては「寺の活気＝地域の活力」なのだとも実感した。

本書はこのような過疎問題についての現状、打開しようとする取り組みを紹介するほか、安芸の土徳、ヒロシマが願う世界平和への宗教の貢献などもあわせて、一冊にまとめた。いずれも、洗心での取材をもとにし、伝統仏教寺院のための専門誌『月刊住職』に掲載するために加筆、構成したものである。二〇一五年四月から二〇一七年三月まで二十四回、『月刊住職』で連載させてもらった。

全国では、宗派を問わず、人口減少や過疎の問題が深刻になっている。それだけに、本書に紹介した各寺における地道な活性化の取り組みは、仏教界全体にも参考になるものだと思う。ひいては日本の社会においても寺院がいかに大切な役割をもっているかが理解できるのではないだろうか。

# 人口減少寺院の底力

地方紙記者のインパクトルポ

目次

装丁　長谷川葉月

## 凡例

一、本書に紹介した人物の肩書き、年齢等は原則、『月刊住職』掲載当時のものです。

一、年号は西暦表記を原則とし、必要に応じて和暦も併記しました。

一、本書に収録した写真・図表等は、出典明記のないものは、著者の撮影、作成および中国新聞社の提供によります。

本書は『月刊住職』（興山舎刊）二〇一五年四月号から二〇一七年三月号までの連載を編集したものです。

# 過疎地の寺院と地域の現実

# お寺を心のよりどころとする過疎地の僧侶と住民の苦悩

●福光寺（広島県山県郡安芸太田町）
●道教寺（広島県山県郡安芸太田町）道教浩忍住職

## 中国地方の寺院減少状況

広島県や島根県の中山間地域を中心にして、仏教系の廃寺が増えている。一帯はかつて、農林業や銀山などで栄えていたが、産業の衰退に伴って過疎化が急速に進んでいる。若い世代は都市部へ出てしまい、門信徒や檀家の高齢化は著しい。経済的に法座を営むことが難しく、寺の仕事だけでは生計が成り立たない寺もある。そうした寺では後継者もいない。かつて小学校とともに地域の中心にあった寺の衰退は、存続の危機にあるコミュニティーの姿を映し出している。

寺の数をほぼ反映している宗教法人数は、解散や合併により両県ごとにまとめると、ここ十年の間に、島根が二十四法人、広島は二十二法人減少した。二〇一三年十二月末現在での仏教系の宗教法人数は、島根県が千三百十四（県総務課まとめ）。国や他県への所管替えを含む可能性はあるが、二〇〇四年以降、二十四法人減り、そのうち浄土真宗の各派が二十法人を占めた。広島県は二〇一三年十二月末時点

宗教法人の解散手続きをほぼ終えた福光寺（広島県安芸太田町）

で千七百五十五法人。県学事課によると二十二法人減り、そのうち十五法人が浄土真宗の各派だった。

宗派別で廃寺の内訳をみると、浄土真宗の各派の中でも寺院数が多く、島根、広島両県で熱心な門信徒の多い浄土真宗本願寺派（本山・西本願寺、京都市下京区）で特に目立っていた。寺の後継者が地元を離れて廃寺になるケースが多いという。

本願寺派では一九八九年から二〇一三年三月末までに全国で二百三十二カ寺が解散か合併で減った。教区別では山陰三十五カ寺、富山二十四カ寺などが多い。無住寺は二〇一四年三月末で全国に百三十一カ寺。後継者のいない寺も増えている。二〇〇九年の調査では、約一万三百カ寺のうち一割程度に後継者がいないという結果だ。本願寺派は「過疎による人口減に悩む寺は、さらに増える」とみて、二〇一二年度に過疎地域対策担当を新設するなど、対応策の検討や実施に本腰を入れ始めている。

廃寺は、石見《いわみ》地方など島根県の西部で先行して問題になっていたが、広島県内の本願寺派でも、ここ十年間に県西部の安芸《あき》教区（五百四十六カ寺）で八カ寺、県東部と岡山県西部の備後教区（二百六十二カ寺）で三カ寺と年々増え、深刻になってきている。両教区内の寺のうち無住・代務寺も一割前後あるという。

住職のいない実態を考えると、これらの寺も将来的に廃寺になる可能性をはらんでいるといえる。地域に暮らす住民たちが心のよりどころとして頼ってきた寺がなくなることは、地域の活力の衰退を象徴し、各寺や集落の世話役たちは苦悩を深めている。

## 解散を進めている寺院の実態

二〇一五年、廃寺の手続きが進んでいる寺を訪ねた。広島県山県郡《やまがたぐん》安芸太田町《あきおおた》の空谷《そらだに》地区にある浄土真宗本願寺派福光寺だ。地域内に唯一残っていた寺だが、十八代目の現住職が病気のため、ここ六年は法務をできない状態が続いていた。跡を継ぐ僧侶もおらず、宗教法人を解散するしかない苦境に立たされていた。

炭焼きなど林業を中心に栄えてきた空谷地区には、かつて複数の寺があった。同地区には昭和三十年代、六十～七十軒が暮らしていた。地域の経済力や、厚い信仰心が寺を長年支え続けてきた。空谷は七郷集落とも呼ばれ、福光寺本堂に入ってすぐの壁面には、戦前に作られた「七郷小唄」や「七郷音頭」の歌詞が今も掲げられている。多くの住民が寺へ集い、にぎやかだった地域の往時をしのばせる。

「私らが小さいころは、法座をすると本堂が満杯で、門信徒さんが廊下まで座っておられた」。同寺住職の弟の大前敬昭さん（七十歳）は自らの幼少期を懐かしむ。大きな法要のときには他寺から講師を招いて連続三日ほどかけて営んだ。門信徒に限らず聴聞に訪れ、地区内の各地から大勢が集まった。秋には、お供えにと新米を担いで参ってくる人もいた。前住職である大前さんの父は冬になると、全国各地の寺から講師として招かれ、布教して回っていたという。だが、高度経済成長期に広島市内などに出稼ぎに行く人が増え、古里をそのまま出る若い世代も増えた。その後も過疎化は歯止めがかからず、空谷地区の世帯は十六軒まで減少している。今は高齢世帯が多く、小さな子どものいる現役世代はごくわずかしか地域に残っていない。一見すると棚田が広がり、のどかな田園風景が郷愁を誘う。だが、地域内をよく見渡してみると、崩れそうになった廃屋もポツポツと見られる。地域住民の多くが、所有する田畑を管理できないほど高齢になり、その大半は耕作放棄地になっている。畦がイノシシに荒らされ、山との境界がよく分からない田んぼもある。

若者たちが集落を出て過疎化が進む安芸太田町の空谷地区

福光寺では、総代のなり手のいない状況が続いていた。世話役が次々に亡くなっていくためだ。五、六年前までは、地域の老人会が本堂の掃除をしていたが、年老いて石段を上ることが難しくなって、この奉仕活動も途絶えた。寺を支えてきた住民の輪はすぼむ一方だった。「『静かじゃし、こんなにええ地域がどうして過疎になるんですか』と、よう問われますが、たまに来る人にはええ所でも、住むとなると別の問題」。大前さんは住民の思いを代弁する。

空谷地区は、広島市安佐北区から太田川沿いに北上し、安芸太田町に入って間もない位置にある。大前さんたちによると、同町では周辺部に当たるため、役場までは車で片道五十分ほど要し、消防車など緊急車両が来るのにも二十分はかかる。冬場は四、五十センチの雪が降り積もり、生活する環境としてはとても厳しい。広島市内に出て暮らす大前さんは、地域の草刈りなどのため頻繁に古里を訪れている。そのたび、日増しに疲弊が進んでいることを痛感させられている。地域の小学校も児童がどんどん減り、廃校の危機にある。

大前さんは「ここはもう、集落の維持すら限界がきている。法座を開いてもお参りする人はだんだん減り、人手も、経済的にも寺を維持していくのは不可能」と、過疎の波が地域の寺へ及ぼす苦境を指摘する。

「縁あって生まれた寺が、自分の代でなくなるのは先祖に申し訳ない思いがするが、仮に兄が病気でなかったとしても、廃寺になるのは、どのみち時間の問題だったんじゃないかと思う」と話す。

## 「残念じゃが、やむをえん」と

福光寺を長年支え続けてきた住民が次々亡くなり、宗教法人としての役員体制を整えられない状況が続く中、現住職の親戚に当たる細川隆彦さん（八十一歳）たちが、法人の解散手続きを進めるため責任役員を買って出た。地域内外で暮らす門信徒二十九軒を回り、一軒ずつ了承を得てきた。書類の準備などの煩雑な手続きがあったが、細川さんは「一番気を遣ったのは門信徒の皆さんへの説明」と振り返る。理由を丁寧に話し、住職の後継者がいないことを伝えると、誰もが寂しがりながらも「仕方ない」と印をついてくれた。

嫁いできた二十二歳から福光寺に参り続けてきた門信徒の女性（九十歳）は今も、空谷地区で細々と農業を営みながら暮らす。巣立った四人の子は安芸太田町内の別の集落や、広島市内に出て暮らす。夫は二〇〇六年に病気で亡くなり、一人で家を守り続けている。

この女性の家は見渡す限り山に囲まれていて、見晴らしがいい。自宅前では、イノシシなどの食害から作物を守るため、一角をトタンで囲んで、ハクサイやダイコンなどを植えて育てている。耳は聞こえにくくなっていたが、鎌を手に作物を収穫する姿はかくしゃくとして、まだまだ元気がいい。訪ねたのは晩秋だったが、夕方になると、もう冷え込む。ストーブやこたつで暖をとりながら、福光寺と自らの関わりや、空谷地区で暮らし続ける思いを振り返ってくれた。

地域の友人や知人は多くが亡くなった。だが、「住み慣れた地を離れたくない」との思いが強い。日頃は、近所の人たちと食べ物を持ち寄り、井戸端会議を囲むのが何よりの楽しみだ。

「励まし合えて心強いよ。じゃが、この地域ももう五年か十年しかもたんのじゃないかね。このままだと、人がいなくなってしまう」と寂しそうにつぶやいた。

この女性はしゅうとめに倣い、昔から福光寺へ歩いて通っていた。

「昔は子どももたくさん参ってきて、説教のさなかでも本堂の中をかけり回りよったもの」と懐かしむ。法話を聞くのを心から楽しみにし、お斎《とき》作りなど法要の手伝いもすすんでこなした。

「阿弥陀さんに手を合わすと、幸せな気持ちになるし、心が安らいだもの。人のことを悪く思うたり言ったりすることもようあったけど、お寺で法話を聞き、生活の中で反省心も生まれよった」

女性は家の中に並ぶ先祖の写真を見やり、これまで胸に刻んできた浄土真宗の教えを思い起こした。

慣れ親しんだ福光寺が廃寺になると聞いたとき、女性は「地域のお寺はひいき目に思う。まだ盛り立てていけたらと思うが、住民が亡くなって減り、お寺の世話役もおらんようになった。残念じゃが、やむをえん」と肩を落とした。

女性は隣の地区の寺の門信徒になる。

「私にとって仏法を聞くのは心の安らぎじゃが、これからは冬はよう参らん」

まだ車を運転できるが、家から寺まで行くには長い坂を下りる必要があり、積雪が多いと、除雪された道だったとしても安全面で心配だからだ。

住職が長年おらず朽ちるばかりのお寺（広島県安芸太田町）

## 廃寺は人生の最大の悲しみだ

別の門信徒の男性（八十八歳）の家も訪ねた。

「ご住職が病気になって、どうもならんのでしょうが、廃寺になるというのは、ろうそくが消えるような思いがして寂しい」と、夕暮れの冬空の下で農作業の手を休めて淡々と話した。うつむいて取材に答える姿が、男性のつらい胸の内を物語っていた。この男性は空谷の隣の地区で暮らし、福光寺の前住職の代から、聴聞によく訪れていた。自宅でも報恩講などのときはお参りを受けた。本堂の建設や、屋根の葺き替えの時は寄付し、寺を盛り立ててもきた。寺の屋根に使われている銅板には自分の名前も刻まれているという。

「浄土真宗のみ教えをいただき、私をこれまで導いていただけた、大事なお寺でした」と福光寺との関わりを振り返る。

「長い人生、いろいろなことに出合いますが、廃寺は最大の悲しみだった。情けない思いもするが、ほかのお寺に取り次いでいただくしかやりようがない」と声を沈める男性。これからは自宅に近い別の寺の門信徒となる。今はもう車の運転ができないため、

すでにご本尊もなく荒れた本堂内部

歩いて三十分ほどかけて聴聞を続けるつもりだ。「お寺は心のよりどころ。私の命のある限りは、お念仏に導かれて生きていきたい」と希望をつないでいる。

## 地域のお寺がスクラムを組んで

福光寺のある浄土真宗本願寺派安芸教区山県太田組（三十九カ寺、広島県安芸太田町など）では戦後、三カ寺がなくなった。さらに福光寺が廃寺になると、組内の寺は三十八まで減る。そのうち五カ寺は住職不在か他寺からの代務に頼る「無住・代務寺」で、各寺とも自坊を運営し続けていく道のりは険しいという。二〇一五年二月初めに訪ねた同町の別の寺は、四十年以上前に寺の運営を不安視した住職が寺を出たという。一時は代務がいたが、近年は無住の状態が続く。宗教法人として今も残っているが、役員も実質的にはおらず、法人を解散しようにもできない。所属していた門信徒はすでに他寺へと移り、本堂や庫裡などの建物だけがひっそりと残っている。国道から道を一つ入り、除雪されていない道を進むと、この寺の本堂が見えた。辺りには民家が点在し、自宅前の除雪作業に精を出す人も見られた。境内は膝まで埋もれるほどの深い雪。外見からも古びて見えるが、本堂に入ると、傷みのひどさにがく然とする。歩くと床は抜けそうになり、本尊はない。ネズミが荒らし回った跡も残る。

道教寺住職で山県太田組の道教浩忍組長（七十一歳）は「かつては地域の人たちに支えられ、林業が衰退するまではお参りもたくさんあった寺ですが、今は廃屋寸前の状態」と本堂内を見渡した。

「安芸太田町では一世帯二人平均。お寺を取り巻く環境は年々厳しさを増している」と苦境を話す。

同町は一九六三（昭和三十八）年の、「38豪雪」以降、一家で都市部に出る〝挙家離村〟も見られて、過疎が急速に進んできた。それまでは、たたら製鉄や林業などで栄えたが、代わる産業がないまま活力は低下の一途にある。大きな寺だと法要を維持できているが、状況は門信徒の少ない寺になるほど深刻。講師への謝礼を払うと赤字になる寺もあるといい、一カ寺だけでは経済的に法要を開きづらい状況も目立ってきた。一年間の法要の回数や、一回当たりの席数を減らして、法義を伝える機会を何とか保っている。そうした状況を受けて、イベントや法要を合同で企画するケースも出始めている。

歌や法話で仏法に触れる「しんらんフェスティバル」は、組内の寺が合同で毎年開き、二〇一四年九月で十回目を迎えた。五百人以上が参加する行事になり、定着した。

二〇一四年は同町の「川・森・文化・交流センター」を会場に開き、僧侶が「大悲のまなざし」と題して講演した後、「いのちの記憶」で知られるシンガー・ソングライターで僧侶の二階堂和美さんがライブをした。このイベントは門信徒たちに喜ばれているという。

こうしたフェスタとは別に、同町戸河内《とごうち》地区にある道教寺など四カ寺は豪雪の後、彼岸や降誕会の法要を順番に担当するなどして営んでいるという。門信徒が減ってお参りが少なくなる中、地域の寺がスクラムを組んで負担を軽くする知恵だ。

道教組長は「一面では寺は互いに張り合うところもある。だが、門信徒の皆さんのために今後の寺がどうあるべきかをしっかり考えて効率的な運営を考えないと、過疎地の寺は立ちゆかなくなるだろう」と懸念する。

# 人が減っても檀信徒のために
# お寺しかできないことがある

●金照寺（島根県邑智郡美郷町）能美龍雄住職
●極楽寺（島根県浜田市）本田行敬住職
●極楽寺（島根県大田市）浜田秩代住職

## 葬式のたびに檀家が減り続ける

広島県側に先行し、島根県側では仏教系の廃寺が増えていた。浄土真宗の門信徒の多い石見地方は、銀山などで栄えて、寺院数がもともと多い。集落単位でかつて設けられ、一キロ以内に複数の寺が存在するケースも珍しくない。それらが過疎、高齢化に直面し、人口減の著しい山間部や海沿いでは、寺を運営していくことが日増しに厳しくなってきている。

島根、鳥取県の浄土真宗本願寺派山陰教区のまとめでは、教区内の寺院は一九八九年に四百六十五カ寺あった。それが二〇一四年には、四十二カ寺減って四百二十三カ寺に。そのうちの約七十カ寺は、無住寺か、他寺からの住職に頼る代務寺だ。

二〇一二年度の教区による全寺院アンケート（対象四百二十四カ寺、回答率90・56％）では、後継予定者のいない寺が三分の一に上った。年齢別では、住職は六十代が最も多かった。僧侶専業は約七割で、約三割の住職はほかの職業と兼職していた。寺院の運営を厳しくしている門信徒数の減少が特に深刻なのは、本願寺派の中でも約三百カ寺が集まっている島根県西部だ。

「葬式があるたびに地域の家が一軒ずつなくなっていく。門信徒は減り続け、この辺りでは兼職でないと食べていけないお寺が多い」。浄土真宗本願寺派金照寺（島根県邑智《おおち》郡《ぐん》美郷《みさと》町）の能美龍雄住職（七十四歳）は、苦しい状況を打ち明ける。同寺は、谷に沿って民家が点在する地頭所《じとうしょ》・小谷《こたに》地区にある。かつては、養蚕や林業で栄えたが、一九七〇年ごろから都市部へ出る若者が増えた。五十軒以上あったという家は今、三十軒余りになった。四カ寺あった寺は金照寺だけとなり、他は住職のいない無住寺や廃寺に。地域の活力の低下も著しい。

能美住職は二〇一四年秋、寺近くの門信徒である那須野譲さん（八十八歳）方を訪ねた。那須野さんの父親の命日が近く、その法要のためだ。

『仏説阿弥陀経』を唱えた後の法話では、「生まれてきてよかったと実感できればいいが、なかなかそう思えないのは煩悩があるから」とし、「人は互いに支え合うことで、心の豊かな老後を過ごせる」などと説いた。

このように、能美住職はできるだけ各家を回るようにしている。法要以外でも、住民から話し相手にと頼まれれば出向いていく。那須野さんは「法話を聞くと、心静かになれる。お寺が次々となくなる中、ご住職にこうして来てもらえること自体が、本当にありがたい」と手を合わす。

## Uターン住職が言われた言葉

那須野さんは金照寺の責任役員でもある。子どものころから寺は遊び場であり、聴聞の場でもあった。寺で学校の宿題を上級生から教わった思い出もある。同寺との関わりは長いが、法話を身近に感じ始めたのは年をとってからという。金照寺で年二回営まれる春彼岸と報恩講の法要を楽しみにしている。

一方で、「お寺さんになんぼ頑張ってもろうても、これだけ住民が減ると、今後はどうにもならんじゃろう」と、那須野さんは、寺を維持していくことに限界も感じ始めている。一九七〇年前後に関東や関西圏などに出た多くの若者はそのまま帰ってこない。那須野さんの長男、謙さん（六十一歳）は、県内の浜田市の会社で働くため一度は古里を離れたが、定年退職した二〇一四年にUターンした。今は父母と一緒に暮らしており、これからは、地域コミュニティーでの中心的な役割が期待されている。

謙さんの小学校時代の同級生は十二人いるが、その多くはUターンしてくる見込みは薄いという。久しぶりに暮らす古里の様子について、謙さんは「昔は農作業をする人を多く見かけたものですが、最近は、日中に出掛けても人に出会うことがない。朽ちたお寺を見ると、いっそう寂しくなる」とつぶやく。「十年、二十年先に自分が仏教への思いが強くなったとき、地域からお寺がなくなっているのではないかという不安も正直ある」

地域を支え続けていきたいという思いと、将来への不安が交錯する。

金照寺は戦後、能美住職の母が僧侶として法務をこなしたが難しくなり、島根大学教授だった能美さ

門信徒の那須野さん方で親しく法話をする金照寺の能美龍雄住職（左）

んが一九九五（平成七）年に住職となった。大学を退官する六十三歳まで九年間、平日は松江市で生活し、週末に寺へ帰る兼職の日々を続けてきた。葬儀があった時は、他寺の住職に頼むか、週末に合わせてもらうようにし、何とか運営してきた。今は夫婦で寺に住んでいる。Uターンした後、門信徒は「よう戻られた。これで安心して死ねる」と喜んだという。能美住職にとって印象深い言葉であり、お寺を支えていくことへの思いを強くした。

金照寺の門信徒はごくわずか。経済的にも運営は厳しいが、農繁期を除いて年八回、「寺カフェ」を開き、二十分ほどの法話をしたり、コーヒーやお茶を振る舞ったりして、住民同士が触れ合える拠点であろうと努めている。毎回、三十五人前後が参加し、住民たちにも評判がいい。

能美住職は「お寺は、住民の心のよりどころだと思う。元気なうちは私が地域を盛り立てていきたい。古里を離れていた間、母を助けていただいた恩返しでもある」と自治会長なども買って出ている。

だが、深刻な過疎が進む地域で、能美住職のように寺を引き継ぐケースは少ない。能美住職の子も地域を出て暮らしており、将来を考えると、金照寺が今後どうなっていくかを見通せない。

## 無住寺・代務寺を支援する教区

能美住職が組長を務める川本組全体でも、戦後の二十六カ寺が十五カ寺まで激減した。多くの寺は、金照寺同様に跡継ぎがいないという。教区のアンケートを見ても、35％に後継予定者がいなかった実態に加えて、「将来に不安を感じる」と答えた寺は88％に上った。後継者がいて、当面の運営上で問題のない寺さえも、危機感を感じている証しだろう。今後、各地で無住・代務寺や、廃寺が増えていく可能性が高いといえる。

教区はこうした状況を受け、法座の講師派遣などで支援している。無住・代務寺を対象に講師を派遣する「ともしび法座」だ。二〇〇二年から続けている。講師は教区の布教団（約百十人）に属する僧侶。派遣対象の基準に該当しているのは約七十カ寺もあり、一カ寺当たり年二回を限度とし、一年の間に十〜十五件の利用がある。

江津《ごうつ》市桜江町の寺は八年ほど前に住職が亡くなってから、この仕組みを利用した法座を年に二回開いている。代務住職を務める男性（八十九歳）は、「熱心な総代さんたちが、寺のともしびを守りたい一心で法座を続けている」と、門信徒たちの思いを代弁する。「講師の謝礼は相当額かかるため、教区から派遣してもらえるとありがたい」とも話す。

## 教区の巡礼コンサート大盛況

島根県では、浄土真宗だけでなく、浄土宗の僧侶たちも将来への不安を抱きながら、地域や寺を何とか盛り立てようと動いている。「島根県の人口は七十万人を下回った。高齢のご住職も多く、将来はどうなるか分からない」。島根県西部の石見教区（五十一カ寺）の教区長で、浜田市にある浄土宗極楽寺の本田行敬住職（六十六歳）は指摘する。

満堂の極楽寺本堂（大田市）で歌う高石ともやさん

石見教区内ではまだ廃寺こそないものの、他寺の住職が兼務するのが十五カ寺、無住が二カ寺。高齢の住職が亡くなるたび、その数は増える傾向にあるという。

そうした状況の中、同教区は、活力を失いつつある地域で寺がどう役立っていけるかを模索し、具体策を考え、実践している。二〇一四年十月には、石見教区として三日間かけて六カ寺を巡る「巡礼コンサート」を初めて開いた。経済的に法座などに講師を呼びづらい寺もあり、助け合って企画した。

コンサートは、西国三十三所めぐりを歌ったCD『巡礼歌集』などで知られるミュージシャン高石ともやさんが、ギターを手に各寺を回った。このうち、大田市《おおだし》温泉津《ゆのつ》町にある浄土宗極楽寺の本堂は、檀家や住民たち約七十人でいっぱいになった。高石さんは「おじいさんの古時計」などの歌や、トークで聴衆を引き込んだ。ギターのリズムにのせて、「生きているのは誰かと手をつなぐこと」「苦しいことは分かっているさ。陽気にいこう」などと語りかけた。歌声や笑い声が本堂を包み込み、極楽寺の浜田秩代住職（六十三歳）は「こんなに大勢が集まったのは初めて」と声を弾ませた。

「蜘蛛の糸」の紙芝居をする極楽寺の浜田秩代住職

高石さんの前座は各寺の僧侶。地域にまつわるクイズ、フォークソングなど、コンサート会場になった寺の住職たちがそれぞれ工夫を凝らした。浜田住職は、得意のシャンソンを披露し、地獄から罪人を救おうとする釈迦を描いた芥川龍之介の短編小説『蜘蛛の糸』などの紙芝居を上演。「緊張したが、大勢の皆さんに喜んでもらえて、本当によかった」と笑顔を見せた。

浄土宗の檀家ではない参加者もあった。同寺の近くに住む女性（七十四歳）は浄土真宗本願寺派の門信徒。日頃は自らの菩提寺で毎月一回ある法座に通っているが、寺でのコンサートは新鮮に感じたという。

「ご住職の紙芝居は気持ちが和んだ。高石さんの歌も心に響き、ついて回りたい気持ちになった。普段のお参りと違い、お寺で音楽を聴くと心がウキウキ、ポカポカする。空き家が増えて、地域は寂しくなるばかりだが、元気をもらえた。いいご縁をいただいた」と喜んだ。

## 「結束すれば大きな力になる」

大田市温泉津町でも過疎が進む。極楽寺の檀家は現在三十軒余り。浜田住職は前住職の父が亡くなり、二〇〇二年に大阪府豊中市からUターンした。在家出身ながら僧侶の資格を取って寺を支えてきた母の姿を見て育った。「檀家はお寺の身内のようなもの」という母の言葉を胸に深く刻んでいる。その後ろ姿を思い出すたび、「無住にしては申し訳ない」という思いがこみ上げてくる。

だが、実際にUターンして法務を始めると、現実は厳しかった。檀家へのお参りは月に平均五件ほど。寺の収入だけでは、とても生活できる状況にない。「お十夜《じゅうや》」などの法要を年に三回営んでいるが、一カ寺だけで講師を招くのは経済的に苦しい。そんな中、写経の集いを毎月のように催すなど、檀家や住民との関係をできる限り保とうと取り組む。「一カ寺では厳しいが、今回のコンサートのように教区全体で後押ししてもらえると、過疎の進むお寺でも大きな力になる」と、教区で支え合う意義を実感した。

コンサートは住民が寺へ集い、交流を通じてつながりを強める場になればと考え、企画した。公益財団法人浄土宗ともいき財団（東京都港区）の資金協力も得た。さらに、十一月には、教区内の十カ寺が資金を出し合って落語家を招き、それぞれの寺を九日間かけて回るリレー落語にも取り組んだ。

石見教区長でもある本田住職によると、石見地方はかねてから信仰心が厚く、銀山で栄えたため、立派な本堂を備えた寺が多く残っている。だが、ひどく荒廃の目立つ無住寺も出始めたという。浜田市の漁港近くにある本田住職の極楽寺は、まだ檀家数も多いため、専業で成り立っている。年三回の法要は、お参りが減ったとはいえ、百人近くが訪れる。副住職の長男が後継者にも決まっている。だが、その一方で地域の子どもの数は激減。人口も徐々に減っており、十年、二十年先を見据えると、「お寺を維持していく上で不安はある」と話す。

「自分の寺だけ残っても、どうにもならない。私たちの宗旨は念仏を広めることであり、多くのお寺で教化活動したほうが、効果がある」と本田住職。若者や中年層など、これまで寺と縁のなかった人たちが多く来た巡礼コンサートを振り返り、「参加された皆さんは、お寺への見方が変わったと思う。細い縁でもつないでいけばいい方向に向かっていけるのではないか」と希望をつなぐ。

「一カ寺ではこうした取り組みができないケースは増えているが、今回のコンサートや落語のように結束すれば大きな力になる」（本田住職）。今後も、毎年の開催は難しいかもしれないが、こうした取り組みを継続していこうと考えている。

## お寺の方から都市部へ出向く

各地で深刻化する過疎について、本田住職は、「私たちがどう頑張っても人口は減り、過疎は止められないだろう」とみる。一方で、「嘆いていても仕方ない。古里を死んだ町にしないよう、お寺が住民を少しでも元気づけたい。できることを少しずつでも頑張っていかないと」と気を張る。

そこで、本田住職たちが思い描いているのは、コミュニティーの中心にあった寺を取り戻すことだ。かつては、悩み事があれば住民が寺を訪ねて相談し、地域の行事で寄り合うこともあった。何かにつけて人の出入りが多かった。

「寺離れといわれているが、私は違うと思う。宗教に関心を寄せる人は現代も多い。それでも、僧侶が傲慢になり、住民の悩みに寄り添う謙虚さを忘れ、人々が離れてしまった面があるのではないか。お寺の姿勢の問題が大きい」（本田住職）とみて、親しみやすいお寺づくりの重要性を指摘する。

こうした危機感から、浄土真宗本願寺派、浄土宗とも、島根県の寺や教区は、郷里を離れた門信徒や檀信徒のために東京などの都市部へ出向いて法要を営む取り組みにも力を入れている。出身者と古里を結び、念仏の教えを抱き続けてもらいたいとの思いからだ。

浄土宗石見教区は二〇〇七年から毎年、大本山増上寺（東京都港区）で東京法要を営んでいる。時期はできるだけ旧盆に近い九月初めだ。東京にいて、なかなか墓参りに帰れない出身者の事情を考え、先祖の供養をできる場にと始めた。孫を連れて何世代かで参ってくる人たちもいて、毎年百四十～百五十人が集まる。懐かしい古里の人々との再会を互いに喜ぶ姿も見られるという。本田住職は「『来年も待っているから』と楽しみにしてくれる人もいて、うれしい。待つだけでなく、お寺の方から出向いて、いろんな縁をこれからもつないでいきたい」と、仲間たちと地道な活動を続ける。

# 檀家の数が少なくても住職と坊守の道心あればこそ

●報正寺（広島県山県郡安芸太田町）城山大賢住職・美知子坊守
●専光寺（広島県福山市）藤井徳行住職・文子坊守
●島根県立大学連携大学院　藤山浩教授

かつては、聴聞などで訪れる人の絶えなかったお寺も、葬儀など故人を通じた法要以外では住民にとって縁遠い存在になっている場合がある。何とか身近に感じてもらおうと、お寺の側が門戸を広げ、おしゃべり会や歌声喫茶など、現代人が来やすい取り組みに力を入れている。

## 普段着で何でも話せるお寺に

「葬儀が終わった後に家へ貼る『還浄《げんじょう》』とは、どんな意味じゃろうか？」「『無量寿』と書いた軸は仏間に掛けておいたほうがいいでしょうか」

広島県山県郡安芸太田町上筒賀《かみつつが》の浄土真宗本願寺派報正寺では、城山大賢住職（六十九歳）と、坊守の美知子さん（六十六歳）に、門信徒や住民たちが素朴な質問を投げかける。仏教の教えの意味や日頃の思いなどを自由に語り合う、同寺の「おにぎり会」だ。

報正寺本堂における「おにぎり会」は住職と坊守（右の二人）も私服で

境内の日陰にまだ雪の残っていた二〇一五年二月末、報正寺の本堂で、参加者が机やこたつを囲む。おにぎり会は、二〇一四年七月から月一回開かれている。名前の通り、門信徒や住民がおにぎりを持参で日中に集い、昼食を共にしながら過ごす。住職と坊守は、私服で参加。普段着の触れ合いは寺側と住民との垣根を低くし、仏教への理解や、互いの絆を深める場として定着している。

この日は、坊守の美知子さんがまず讃仏偈《さんぶつげ》を唱えた。続いての短い法話では、悩み苦しむすべての人を救おうと四十八の誓願を立てて修行して阿弥陀仏となった法蔵菩薩について、自らが感動したことを交えて説明した。「私たちも、お浄土から還って人々を教化する『還相《げんそう》の菩薩』のように、人を思いやる生き方をしたい」などと説いた。

傍らで聞いていた城山住職は、「法蔵菩薩の修行の場は、煩悩にまみれた私たちの心の中。自らを慚愧させる真実が仏教の教えだと思う」と、美知子さんの話に付け加えた。

おにぎり会での話は自由だ。仏教に関連することなど、一つのテーマで参加者が意見を交わすこともあれば、数人で集まってよもやま話をする時もある。家族の話題や農業など身近な話題が、あちらこちらから聞こえてくる。寺側が事前に決めたプログラムは特にない。会の途中では、美知子さんの淹れたコーヒーや茶をいただく。この日は、参加者が持ってきた長崎土産のカステラが茶菓子。構えるような緊張感はない。

そして昼食はおにぎりがメーン。持ち寄った漬け物、野菜の煮物、ふきみそなど季節感のある手作りの品々が机に並び、参加者は各家庭の味を楽しんだ。夫婦での参加者は、ふきみそをそれぞれ作って持参した。「どっちがうまいかは分からんが、まあ食べてみてください」と笑顔で振る舞っていた。

## 僧侶の力量も試されている会

参加者の上田梅子さん（七十八歳）は自宅から報正寺まで歩いて二、三分と近い。「お寺の法座といえば、講師が一方的に仏様について説かれるが、この会は法座の堅苦しさがなくて和やか。疑問に思うことを何でも聞ける」と、おにぎり会を楽しみにしている。サロンのような雰囲気だが、ご本尊を前に本堂で語り合う空間は集会所などとどこか違い、「家でじっとしておると雑念が出てくるが、阿弥陀様の前で皆さんと会話すると心が安らぐ」と喜んでいる。

同寺は毎月、彼岸や報恩講などの法要を営んでいるほか、無量寿経などの聖典学習会を年五回開いている。おにぎり会は、美知子さんが二〇一三年秋に得度したのを機に発案した。参加者がいてもいなくても、午前十時から午後三時にかけて本堂で待ち、門信徒や住民はいつ訪れてもいい仕組みだ。

報正寺の門信徒数は六十〜七十軒。高齢化が進む地域にあり、一人暮らしの世帯も増えてきた。「過疎のためお寺の維持も厳しくなっているが、わがことのようにお寺を支えてくださる門信徒や地域の人たちの気持ちがありがたい」と美知子さん。生活の中で寂しさを感じている住民もおり、「思いを聞かせていただく僧侶になろう」と考えた。

六十五歳で得度を決断したのは、二年前に夫の城山住職が体調を崩し、「住職がもし動けなくなったら、誰がお寺をみていくのだろうか」という不安がよぎったためだ。誰かに頼ればいいとも思っていたが、「僧侶になって自立して、住職と力を合わせてお寺を守りたい。私たちが生きている間は、たとえ門信徒さん一人になっても守る」との思いを強くした。浄土真宗の基礎を学び、お経や偈文も覚えた。経験を積むために、おにぎり会ではいつも最初のお勤めをこなす。

おにぎり会には毎月十人前後が訪れる。安芸太田町に隣接した北広島町から来る人もいるが、参加者は周辺住民が多い。総代長の亀井定三さん（八十六歳）は、

「坊守さんはおもしろい人。おにぎり会とはいいアイデアだ。食事をしながら互いに話す点が、住民をお寺へ来やすくしているのではないか」と自らも夫婦で参加する。過疎、高齢化が進む現状で、地域の住民と寺がつながっていく新しい取り組みを歓迎する。「お寺と門信徒という関係を超えた結びつきは、地域を元気づける意味でも大切。こうした輪が若い人にも広がっていけばいいのだが」と願う。

城山住職にとっても、普段着での住民との触れ合いは新鮮だ。

「法要というと、一方通行のようにこちらから話すことが多いが、おにぎり会は世間話も聞けて私たちも楽しい。ただ、双方向になるということは、質問に答える僧侶の側の力量が試される」と気を引き締める。

## 苦しいことは忘れてお寺で歌う

寺と地域を結ぶ取り組みは、過疎地だけでなく、広島県内の都市部でも見られる。県東部、福山市大門町の浄土真宗本願寺派専光寺（藤井徳行住職）は〝音楽寺〟をうたい、歌などの多彩な文化教室を自坊で開いて、仏縁を広げている。寺離れが各地で進む中で、子どもから高齢者まで幅広い世代を寺へと引き寄せ、歌声で参加者の心を結んでいるのが特徴的だ。

二〇一五年一月半ば、同寺が敷地内の研修会館で開いた「歌声喫茶教室」には六十～七十代の約五十人が集った。岡山県から参加する人もいる。この日は、「青い山脈」「高校三年生」などの懐《なつ》メロを熱唱した。指導は同寺坊守の藤井文子さん（六十六歳）。

「詩を味わって、優しい気持ちで歌いましょう」と文子さんは助言する。文子さんは、国立《くにたち》音楽大学声楽学科を卒業後、名古屋二期会に所属してオペラに取り組み、現在は、坊守を務めながら、クラシックやシャンソンなどの分野でも活躍する歌手だ。

この教室は月二回ある。「いのちの理由」「あゝ人生に涙あり」など、人との絆や、生きる意味が歌

専光寺研修会館で開かれる「歌声喫茶教室」で指導する藤井文子坊守

詞にこもった曲も積極的に取り入れている。曲間には、文子さんの短い法話も加わる。

「歌声喫茶のような、こうした人と人との触れ合いは、生きがいになる。この場は苦しいことを忘れて音楽を味わえる、まるで、お浄土のようでしょう」と参加者にほほ笑みかけた。

同寺の門信徒として法座に毎月参り、二年前から歌声喫茶にも参加する介護福祉士の女性（七十二歳）は、「私たち人間は、明日がどうなるか分からない。子や孫、自分のことなど、いつも心配事は絶えない。ですが、みんなで歌うと癒やされ、落ち込んだ心を回復させてもらえる」と喜んでいる。

教室には、浄土真宗本願寺派以外からの参加者も多い。家が真言宗という主婦（七十七歳）は、家族にも背中を押されて、心身を元気にと約一年半前から通う。もともと、歌謡曲を歌うのが大好き。

「家族が事故で重傷を負うなど、何かと心配事が多い。

膝や腰を悪くして病院通いも続けている。ここに来て歌っているときは、気分も明るくなり、くよくよしないでいられる。先生の法話も一つ一つが心にぴんと響く。生かされている感覚は、どの宗教でも変わらないのではないか」と感謝する。

寺で開く教室は現在、華道、イタリア料理、折り紙、エアロビクス、バレエ、子ども向けの英会話やダンスなども含めて十六ある。安い料金で受講者を募り、一週間で、生徒の父母を含めて延べ約三百人が寺を訪れている。二〇〇五年に寺の敷地内に新築した研修会館が会場で、文子さんや、外部から招いた講師が教える。

藤井住職（七十歳）は、「門信徒の皆さんの建てた会館をできるだけ開放し、地域に役立ちたい」と話す。

## 音楽家寺族が門信徒の心を繋ぐ

藤井住職夫妻は専光寺の出身ではない。藤井住職が、安芸高田《あきたかた》市吉田町の寺の生まれだった縁で、後継者のいなかった同寺に請われた。一九八四年、娘たちと家族四人で愛知県から移住した。

入寺後、文子さんは門信徒を招待して福山市内でオペラのリサイタルを開いたり、仏教讃歌を歌う専光寺のコーラスグループ「コール鸞《らん》」を結成したりした。ただ、法要の場のイメージの強かった当時は門信徒や地域の人たちから〝変わった坊守〟と思われ、寺での音楽活動はなかなか受け入れられなかった。

転機は二十年近く前。寺離れが各地で進んできて、総代から「これからの寺は特色を出して、教化活動をしたほうがいい」との意見が出た。それから寺での教室を徐々に増やし、〝音楽寺〟を前面に打ち出した寺づくりが本格的に始まった。

文子さんは、同寺の中での活動にとどまらず、一九九四年に市民合唱団「福山シティオペラ」（約二百人）を発足させ、その代表も務めている。

「教室はここでなくてもできますが、お寺と結び付けることに意味がある」と文子さん。頭を下げて寺の門をくぐったり、本尊に手を合わせたりする人たちを見ていて、「意識しなくても、みなさん、自然と仏縁に遇《あ》っている」と日々実感している。

小学生以下が対象の無料の合唱教室では、レッスン前とおやつの前、必ず合掌と礼拝をする。就学前から通う小学五年生の女児は「お寺で歌うのは、不思議な感じだけど楽しい。命の大切さ、時間を守ること、好き嫌いしないことを教わった」と話す。寺と縁遠い親世代も付き添いで訪れ、寺を身近に感じるようになった。女児の母親は「お寺というと、葬儀や初詣など、特別な場のイメージだった。一歩踏み込むのに勇気がいるが、こうした機会があると、行きやすい。娘も、命という大切なことを教わって帰ってくる」と教室の意味をかみしめる。

二〇一五年一月には、寺の境内に花壇を作り、四季ごとに植え替えて門信徒や周辺住民たちを楽しませている。春はパンジーやアネモネなどで鮮やかに彩った。アジサイも植え、季節感を出す。外からも観賞できるため、散歩途中の人たちが「きれいね」と花々を楽しんでいる姿を見かけるようになった。

同寺ではイタリアでオペラ歌手として活動する長女の泰子さん（四十一歳）、専光寺僧侶でポップス歌手の次女郁子さん（三十六歳）も本堂や会館で歌う。文子さんは「音楽がお寺と地域の人たちを結び、仏様の前で心を通い合わせている。これからも娘たちとともに、歌でお寺を盛り立てたい」と意気込む。

## 今からお寺はどうすればいいか

広島、島根県などの中山間地域の寺は、過疎、高齢化による地域の活力の低下に直面し、門信徒の減少が深刻になっている。今後、生き残りをどう図り、地域のために役立てていくかについて、島根県立大学連携大学院の藤山浩教授にインタビューした。藤山教授は島根県中山間地域研究センター（同県飯《い》石郡飯南町《いしぐんいいなん》）の研究統括監を兼務するなど同地の寺院状況についても詳しい。

藤山教授は「お寺は、人々の田園回帰の傾向を見過ごしてはいけない。徳俵《とくだわら》に足がかかってからが勝負だ」と、田舎のお寺の可能性を強調した。

以下に、インタビューの内容を紹介しよう。

――お寺の役割について、どうお考えですか。

「お寺はこれからの地域にも必要だ。恥じる気持ちや相手への思いやりなどを育む場であり、保育園やデイサービスなど事業体としても役立っている。一方で、葬式仏教などともいわれる。私は地域の記憶を紡いでいく役割をもっと果たしていくべきだと思う。

『このおじいちゃんのおかげで橋ができた』などと、故人の記憶を集落で分かち合う場がいる。地域の先輩の生き方に触れると、聞いた私たちは生きていて面倒くさいこともあるが、頑張らなければと背筋が伸びる。

地域の記憶を分かち合うことで、次の世代が地域を盛り立てていける。お寺が若い人や出身者も含めて住民たちの集う場となり、その役割を果たしてほしい」

――どうすれば、お寺が身近になると思いますか。

「お寺への気楽な入り口が必要。敷居は低くしたほうがいい。掃除をして一緒に朝食を食べるなどの気軽さが大切。そこで住民が互いを認め合い、記憶をつなぎ、一緒に暮らしていくためにまとまる。

昔の寺子屋のように、子どもたちに身近なお寺にする努力もいる。私は母方の祖父が浄土真宗本願寺派の寺院の住職で、よくお寺で遊んだ。広くて楽しい。お寺で掃除をし、焼き芋も作った。こういう思い出のある人は多いのではないか。子どもが来れば、若い世代もお寺に来やすくなる」

――過疎地では、存続が危ぶまれているお寺が増えてきています。

「お寺を残すために地域を残すわけじゃない。お寺も社会の仕組みの一つなので、住職もかなり頑張らないといけない。

過疎といわれるが、だめだと決めつけてはいけない。島根でも広島でも、最近は田舎ほど人が増えている地域も目立つ。自分が死んだら誰も覚えていてくれる人がいないような都会に住み続けることに戸惑う人が増えて、安らぐ場所が求められている。お寺は田園回帰の傾向を見過ごしてはいけない。徳俵に足がかかってからが勝負だ」

# 檀家がいなくなっても地域の聞法の場としてお寺を守りたい

●光明寺（広島県安芸高田市）筒井恵文代務住職（専教寺）
●南光寺（広島県三原市）小島照行代務住職（法泉寺）
●明照寺（島根県邑智郡邑南町）小笠原義宣代務住職（西福寺）



浄土真宗の信仰が盛んな広島、島根県の山間部では、過疎地域で住職がいないお寺であっても、門信徒や地域住民の力で盛り立てているケースがある。お寺の建物の維持、管理に限らず、定期的な法要や法座の準備、運営もこなす。中には、毎日欠かさずお寺にお参りして朝のお勤めをする熱心な住民もいて、灯明を灯《とも》し続けている。

## 誰かが法灯を守らねばならん

早朝、讃仏偈が広島県安芸高田市高宮町の浄土真宗本願寺派光明寺から響いてくる。唱えているのは、近くの番倉哲夫さん（九十一歳）だ。ご本尊を前に外陣に座り、経本を見なくても偈文やお経がすらすら出てくる。目をつむり、時に合掌して一心に勤行する姿が印象的だ。お勤めの最後は、恩徳讃《おんどくさん》の音楽テープを流して歌い、締めくくった。

「お経は覚えちゃあおらんのですが、自然に口が動く。じゃから、逆にゆっくり唱えると、次は何じゃったか、お経が分からんようになる」と笑う。

実は、光明寺は門信徒が一人もいない。しかし、周辺住民を中心に、聞法や法要の大切な場としてお寺を長年支え続けている。とりわけ、佐々木邦雄住職が九十三歳で病死した一九九八年からは、維持、管理のため資金や人手を出し合う。番倉さんのお勤めは、佐々木住職の死後始まり、ずっと続けている。

「ご住職は朝晩、灯明を立ててお寺を守ってこられた。それを消してしもうたら寂しい。始めた当初は、誰かが灯明を守らんといけんと思うて、軽い気持ちじゃったが、よう続いてきたと思う」と話す。

光明寺の法灯を守る門信徒の番倉哲夫さん

番倉さんは、車で片道約二十分かかる同じ町内に師匠寺（所属寺）がある。多くのほかの住民と同じく、光明寺は、先祖の代から身近な聴聞の場として守り続けてきた。お寺通いは長い間、朝、晩としてきたが、五、六年前から朝だけにした。祖先から引き継いできた大切な農地を守ろうと約二・二ヘクタールで米を栽培する現役農業者だが、体力的にしんどくなってきたからだ。

家からお寺までは歩いて五分ほど。午前六時ごろに起き、妻が炊いてくれたお仏飯を持ってお寺を訪れる。お仏飯の米は、自ら丹精して育てたもの。お供えの花や果物は、買ったものを持って行く。お勤めの内容は日によって変え、正信偈などは一時間近くかけて唱えている。

「お経を読んでいる間は人の悪口は一切思わん。顔が仏さんのようになっとったでしょう」とほほ笑む。

最近は、腰が曲がって歩いて通うのがつらいため、手押し車を使う。雪が降り積もるような厳しい日も、長靴を履いて参る。

「今日は寝ておきたいと思う日もあるが、気持ちを奮起させ、参る気にさせてくれる力が何かある」と番倉さん。

「わしは欲の塊じゃがね、お勤めの間だけは心が休まる。ここへ来ては反省し、離れるとまた煩悩が戻る。その繰り返しじゃ」とかみしめる。

## お寺のある景色は地域の財産だ

光明寺は、古くは禅寺の光明禅寺だったが、毛利氏の時代に浄土真宗へ変わったと伝わる。かつては、長く無住だった時期があり、門信徒はそのころ他寺へ移ったとみられている。戦前は説教所として使われ、戦後間もない時期に再び寺となった。

説教所だった戦前、戦後は年五、六回の法要があった。仕事を差し置いても参加する住民が多く、本堂はいっぱいだった。子どもは親の聴聞中に境内で自由に遊び、お寺と慣れ親しんだ。番倉さんは「法座があるのに仕事をしよると、周りの住民から悪口を言われよった。それくらい、昔はお寺を大切にしよった」と振り返る。

法要が年三、四回に減った今も、同寺には大勢が集まっている。二〇一五年は三月下旬に地元老人クラブによる物故者追弔法要があり約四十人が出席した。前年亡くなった住民五人を悼んだ。代務を務める専教寺（高宮町）の筒井恵文住職（五十六歳）が「浄土に至るような生き方をしてこそ、今日一日の私たちの喜びになる」などと法話した。

光明寺は、広島県北西部の高宮町中心部にあり、目の前が小学校。約八十戸の年会費を維持や運営費に充てている。月一回の清掃奉仕もある。ボタンなどの草花を描いた本堂外陣の格天井の絵八十一枚は、地域の男性（六十六歳）が三十年近く前に三年がかりで手掛けた。自分の描いた絵を偶然見た佐々木住職から生前に頼まれ、「これもご縁」と快諾したという。幼少期から親しんできた愛着あるお寺として、さまざまな形で多くの住民が護持に関わっている。

佐々木智三総代長（八十三歳）は「光明寺で聞法しながら育った住民ばかり。みんな、ようやってくれておる」と感謝する。一方で、古くなった屋根瓦の修繕を迫られるなど、高齢者を中心に支え続ける厳しさも痛感する。

「年老いた住民は『何とかせんと』と、守っていきたい気持ちはあるが、現実に目を向けると、お金の問題もあって、先行きは暗いと言わざるを得ない。わしらの時代に一定の方向性を出さんといけん時期がくるじゃろう」と声を落とす。

番倉さんも「空き家が増えて過疎になり、参る人が減ったのが一番の心配。わしも若くはならんから、朝のお参りをいつまで続けられるじゃろうか……」とつぶやく。

光明寺に関わる住民たちの誰もがお寺の将来展望を見出せないでいる。

寺の運営は、佐々木住職の存命中からすでに厳しい状況だったという。

筒井住職は「佐々木住職は役場で働いた私財を投じて、寺を守ってこられた。行く末を心配し『後を頼む』と何度も頭を下げられた」と振り返り、「私の力不足で申し訳ない思いですが、できる限り、お役に立ちたい」と話す。

過疎の進む地域にあるお寺では、自坊を維持していくのも、人手の面、経済面でとても苦しい。逆境の中で、筒井住職は二〇一五年二月、過疎地の寺院視察のためお寺を訪れた浄土真宗本願寺派の役員に、窮状を訴えた。

小学校の前にあるお寺の立地を説明した上で、「ここは子どもたちもお寺へ写生に来る。朽ち果てた姿は見せたくない。お寺のある景色は地域の財産。さら地にしてしまえば済む問題ではない」と複雑な心境を語った。

## 地域がなくなるまで見届ける

広島県三原市久井《くい》町の羽倉《はぐら》地区にある浄土真宗本願寺派南光寺も、門信徒は十数軒と少ないながら、

聞法の場として地域全体で護持し続ける南光寺（左は小島照行代務住職）

地域のお寺として住民たちが守り続けている。

南光寺は二〇一〇年春に閉校した久井高等学校跡の近くにある。元衆議院副議長の高津正道さんが生まれ育ち、住職も務めたお寺だ。約二十年前から住職の後継者がおらず、同じ町内の法泉寺、小島照行住職（六十六歳）が代務を務めている。

法座は年五回。二〇一四年十一月には、近隣の福山市内のお寺から講師を招き、報恩講の法要を営んだ。法話では生き方が説かれ、「我々の幸せは、ほかの人と比べることで感じる。赤ちゃんはどうだろう。誰かに抱っこされても、安心しきっている。そのように阿弥陀様の大きな力に支えられ、一生懸命生かさせていただくことが大切ではないか」と問いかけた。小島住職は法話に先立ち「皆さんのおかげで法座が維持できている。ささやかな営みだが、現実と向き合いながら頑張っていきましょう」とあいさつした。

近くの女性（八十三歳）は三原市本郷町のお寺の門信

徒だが、子どものころから両親に連れられて南光寺に参り、約四十年前からは、同寺での法要や法座に欠かさず参加している。

「ここで阿弥陀さんを拝むと心が洗われ、和む。総代さんのおかげで身近にお参りできてありがたい」と手を合わす。

南光寺では昔から、多くの住民が門信徒関係の師匠寺を別に持ちながら、法座などがあると聴聞に訪れ、地域のお寺として支え続ける。総代長の西永宝さん（七十九歳）もその一人。師匠寺は広島県尾道《おのみち》市御調《みつぎ》町にあるが、「良心、道徳心を養ってもらった大切なお寺」と代々盛り立ててきた。祖父母に付いて朝晩、自宅の仏壇に向かい、身近に念仏を感じながら大きくなった。お勤めは習慣だった。三十歳を過ぎたころから南光寺での聴聞を続けている。

西永さんは、三十年以上にわたって南光寺の世話役を引き受けており、同寺への愛着がとても強いが、「このお寺を今からどうしていったらええか。正直、迷いよります」と苦しい胸の内を明かす。過疎が進み、住民の力でいつまでお寺を支えていけるかを見通せないからだ。

お寺の運営は法座のお布施などを充て、本堂の畳やふすま替えなども住民たちでする。格子戸もサッシに替えた。昼食のお斎の材料は節約のため野菜や漬け物を持ち寄る。

だが、七十人を超えていた聴聞者は今、半分ほどまで減った。高齢者が亡くなるたびに少なくなり、地域を出ている若者のお参りはない。運営は、日に日に厳しくなっている。

「若い人に参ってほしいが、古里に帰ってくる人はいない。うちの子も地域を出ている。体力が落ちてしんどうなってきたが、八十歳まではお寺をなんとか盛り立てていこうと思う。これもわしに与えられた役目なんじゃろう」と気を張っている。

門信徒で総代の男性（七十四歳）は「お寺を一軒維持するのに、どれだけのお金がかかるか。地域の皆さんの協力で何とかやってこられたが、熱意はあってもこの先どこまで動けるだろうか」と不安を感じ始めている。

代務を務めている小島住職は「師匠寺の遠い住民が、暮らしている場で法を聞こうと身近に聞法の場を持つ習慣が、広島県には古くからある。わが寺として住民自らが守ってきた南光寺は、法を聞く場としての寺本来の姿なんだと思う」と話す。

お寺が衰退している理由について、小島住職は、農村の生活の変化を挙げる。三世代で同居していた昔は、家庭の仏壇の前でお勤めする習慣が子や孫へ自然と引き継がれていたが、近年は家を近くに構えていても、世帯ごとに離れて暮らすケースが増えて、そうした習慣の伝承が進んでいない。

「住民が減ることも問題だが、法を聞こうと思う門信徒の気持ちが薄らいできていることをもっと心配している」と小島

残せるものなら残したいの一心で支えられている明照寺

住職。「門信徒の皆さんの思いに十分応えきれていない寺側にも、問題はあると思う。私自身、地域がなくなるまで見届ける覚悟」と強調する。

## 廃寺を考えたが残せるならと…

門信徒がいなくても、住民たちが踏ん張って支え続けているお寺は島根県側にもある。邑智郡邑南町《おおちぐんおおなんちょう》の百石集落にある浄土真宗本願寺派明照寺だ。住職は夫妻でお寺を出て、約五十年間いない。

現在は、同じ町内の西福寺の小笠原義宣住職（六十六歳）が代務を務めている。実質的な門信徒はおらず、集落内外の約十五軒が維持費や労力を出し合って守っている。

明照寺の修繕維持費は集落内外の約15軒が出し合う

明照寺責任役員の森脇政晴さん（七十二歳）は「小さい集落じゃし、年老いた住民ばかり。十軒、十五軒でお寺を管理するのは非常に厳しい。阿弥陀様の守りが難しくなってきたので、一時は廃寺も考えたこともある」と打ち明ける。本堂が朽ちて雨漏りがひどく、住民は思案した。わずかな住民で修繕費を出せるか、直したところで誰が維持していくのだろうか――。

悩んだ末、お寺の隣にあった集会所を一部改装し、同寺の内陣を移すことにした。「残せるものなら残してほしい」という、年老いた住民たちの願いが集落全体の背中を押した。

費用の約三百万円は、共有林のスギやヒノキを売った金と、住民や出身者の寄付で捻出した。工事を業者にすべて頼めば倍近くかかるため、大がかりな大工作業だけを業者に任せて、自分たちで仏具類を磨いたり色を塗ったりと住民も手弁当で作業した。二〇一四年八月から四カ月かけて完成にこぎ着けた。今後は、老朽化したまま残る本堂の解体が、住民たちの負担としてのしかかる。

## 団塊世代にお寺を守ってほしい

小笠原住職は「過疎地のお寺を守っていくには、リーダーが大切。ここらは信仰心の厚い地域で、森脇さんたちのおかげでお寺の灯がついている。拝むような思いで感謝している」と頭を下げる。明照寺以外に同じ町内でさらに二カ寺の代務をする小笠原住職によると、各寺とも朝晩のお勤めなど、寺院本来の機能を果たせていない点が大きな悩みだ。

宗派の宗会議員としても、寺院活動の担い手育成など、過疎対策への思い入れが強い小笠原住職。「お参りの少ない団塊の世代で、僧侶、門信徒という立場を超えて、ご法義を守る人を育成したい」と考える。

自坊の西福寺では、清掃などの奉仕に門信徒たちの参加を促し、六十代が活動を通してお寺へ通うようになったケースも出始めているという。そうした世代から、過疎地の寺院を守り、法義を伝えようとする人が出てくれることを願う。

森脇さんは「お寺をいつまで守っていけるかは分からんが、お寺やお宮には日本人の胸を打つ何かがあり、粗末にはできない」と気を引き締め、改装を機に、年一回に減っていた法要を四回まで増やそうと考えている。

「わしらの力では過疎は止められん。あと十年たった時に、お寺を誰が継いで支えてくれるじゃろうか。集落を出た若い人たちに、どう関心を持ってもらうかが大きな課題じゃよ」

解決に結びつく妙案はないが、森脇さんたちは思案を続けている。

# 寺院が檀家を巻き込み
# 集客拠点となって過疎を乗り越える

●浄福寺（島根県大田市）高津眞悟住職
●専法寺（広島県三次市）梵照英住職、大英副住職
●熊本大学　徳野貞雄名誉教授

## 農作業から仏法を教えられて

過疎の進んでいる中国地方の中山間地域で、地域おこしに力を注ぐお寺が増えてきている。特産品づくりに一役買ったり、住民や門信徒同士の絆を紡いだり。お寺が集客拠点となってにぎわいを創出しようとするケースもある。

島根県大田市水上《みなかみ》町の浄土真宗本願寺派浄福寺は、門信徒や地域住民とサツマイモ栽培を続けて、二〇一五年で十年目になった。農作業を通じて互いの絆を深め、門信徒同士で声を掛け合って法要に参加する人も増えている。

サツマイモ作りは、自然の恵みに感謝する心など仏法の教えにも通じる部分があるため、寺院側は浄土真宗の法義を伝える「屋外の聴聞」と捉え、取り組みに力を注ぐ。

浄福寺の五十〜八十代の門信徒や住民計二十人余りが二〇一五年五月下旬、炎天下でサツマイモの苗を植えた。住民から借りた二カ所の農地計約三十アールで、畝を造り、ベニアズマの苗約八千本を一本一本、土に挿していく。昼食は近くに仮設したテントの下で手作りカレーを味わい、午後も続けた。一日がかりの根気のいる作業だ。

長年の作業で、農家以外も手慣れている。苗植えのほか、雑草よけのマルチを敷くなど、指示なしでも分担して黙々と手を動かす。八年続けて参加している地元の女性（六十九歳）は「腰が痛くてしんどいが、和気あいあいとした雰囲気が楽しい」と喜ぶ。

「すべての命はいただきものであり、私たちはこの大自然の恵みの中で生かされている」と、浄福寺の高津眞悟住職（五十六歳）。

汗を拭い、「命や、人とのつながりなど農作業はいろんなことを教えてくれる。教えを学ぶ場はお寺だけではない」と力を込める。

近年の農地はお金にならない土地と思われがちだが、先祖が代々必死の思いで守ってきた農地をつないでいく責任感もかみしめる。

## やってだめだったら変えればいい

浄福寺のイモ作りは、石見《いわみ》銀山の世界文化遺産への登録を控えた二〇〇六年から続く。サツマイモを使った地元農協の特産品作りが始まり、農協の組合長だった門信徒の廣山勝秀さん（七十三歳）が高津

門信徒たちとサツマイモの苗を植える浄福寺の高津眞悟住職（中央）

住職に持ち掛けた。二〇一五年二月末で組合長を退任した廣山さんも今年の植え付け作業に参加した。「和やかな雰囲気がいい。田植えで忙しい時期だが、息抜きにと参加した」とほほ笑む。

江戸時代にサツマイモ栽培を奨励し、領民を飢饉から救ったという石見銀山の代官「井戸平左衛門」にちなんだ取り組み。高津住職は、法務の傍ら米作りをするなど農業経験が豊富で、お寺としての協力を快く引き受けた。当時は親鸞聖人七百五十回大遠忌法要に伴う、本山への懇志を控えた時期で、額に汗して得たお金を懇志にという思いも門信徒たちを後押しした。

農地はもともと水田で、排水のよくない場所だったため、水を抜く水路を設けるなどし、サツマイモ作りを始めた。一万本を植えた一年目は雑草が茂り、イノシシにも食い荒らされて収穫は約六百キロ。苗やマルチの費用を差し引いて赤字での船出だった。

近年は、五、六トンも穫《と》れるようになった。焼酎の原料として地元の酒造会社に出荷し、農協や個人向けにも販売している。良くてわずかに出る程度の利益は、お寺の親睦旅行の費用に充てる。イノシシやサルから作物を守るための電気柵購入費、赤字が出た場合の補てんは、高津住職が個人で負担してきた。「皆さんにリスクを負わせられない」との考えからだという。「やってみてだめだったら、方法を変えるか、やめればいいと思って続けてきた。もうかりゃあせんけど、十年もようやってこられた」

高津住職はしみじみと歩みを振り返る。

サツマイモは温度が低くなりすぎると腐るため、寒さの厳しい一帯では、常温だと十二月半ばごろまでしかもたない。今年（二〇一五年）のうちには、ある程度の温度を保てる地下収蔵庫を設けるつもりだ。そうすることで、翌年の五月から六月まで貯蔵でき、長期に販売することも可能になるという。

参加者は、一年目の約二十人から増え、近年は三十人近くが集まる。九月中旬から下旬に収穫するまで、都合の合う人たちが集まって一、二回の草取りをする。作業はすべて奉仕で、イモの一部を参加者に配る。

当初から関わる総代の松下誠さん（七十歳）は「足腰は痛いが、寄り集まって語り合う、みんなの笑顔がいい。門信徒同士の結び付きが、こんなに強まるとは思わなかった」と実感する。門信徒だからといって、全員が必ずしも近くに住んでいるとは限らず、町内の行事では顔を合わさない人もいる。だから、ともに汗を流す作業が門信徒の結束を強める、いい機会になるという。

イモ作りへの参加を機に、法要のお斎づくりを手伝おうと申し出る女性や、楽しそうだからと加わる

「屋外の聴聞」と捉えて農作業に精を出す浄福寺の門信徒たち

住民もいる。松下さんは「みんなで作った作物を収穫する喜びや、作業の充実感は何ものにも替え難い。うちは、田舎のお寺にしてはお参りが多いのではないか」と話す。

## 農業は布施の生き方の実践として

浄福寺の門信徒は約三十軒。五年前、高津住職が代務だった寺が廃寺になり、十三軒がそのまま門信徒として移ってきた。廣山さんもその一人だ。同寺は法要や法座が年に約十五回、仏教を学ぶ毎月の連続研修や、仏教婦人会の冬季講座も別にあり、活動は活発だ。大きな法要だと三十~四十人が集う。

高津住職は、二十二歳の時に京都から寺に帰り、農業に従事しながら法務を続けてきている。宗派の布教使でもあり、「ご法義を伝えるには、人がまず仲良くなる必要がある。門信徒同士のつながりを大事にしたい」と強調する。

「イモ作りは作業する本人、仲間、食べた人たちの笑顔を呼ぶ。その笑顔で私たちは生きる力をもらえる。布施の生き方を実践する場としても続けていこうと思う」とも話す。

## お寺の灯籠行事が地域創生に

広島県三次《みよし》市三次町の浄土真宗本願寺派専法寺は、境内で灯籠の火を灯す行事を、七夕や冬至に合わせて開いている。同寺を訪れた住民が仏法に触れるきっかけになればと続け、地元とタイアップして地域の活気づくりにも一役買う。参拝者はともしびの温かさを肌で感じ、「当たり前の生活」のありがたさを思い返している。

日が傾いた二〇一四年七月初めの夕刻、浴衣姿の若い親子や門信徒たちが、商店街の一角の専法寺に集まった。この日は地元の七夕夜市で、境内や商店街沿いに夜店が並んだ。参拝者は境内で短冊に願いを書き、ササに結んだ。本堂では、地元のピアノ教室の生徒たちが演奏。

梵《そよぎ》大英副住職（三十八歳）が関東のイベント会社で働いていた縁で、お笑い芸人によるウクレレのライブも開かれた。

行事が始まる前には讃仏偈を唱え、梵副住職が阿弥陀如来の本願などについて法話した。

「浄土真宗では七夕の習慣はない。仏様はお願いを聞いてくださるのではなく生きるものを平等に浄土へと導く願いをかけてくださっている。無量の光で私たちを照らしていただいている」などと説いた。

灯籠は門信徒が手作りした竹筒にろうそくを入れ、本堂周辺に約三百個を並べた。

「暗くなるときれい。心に響き、静かな気持ちになる」と、門信徒の女性（八十二歳）。日暮れの早い冬至の行事では、ともしびを友人と囲んで昔の思い出などを語り合うと言い、「便利な世の中。私たちは電気でも食べ物でも感謝の気持ちをついつい忘れてしまいがち。灯籠を見ていると、当たり前のありがたさに気付かされる」とほほ笑む。

取り組みは、イベント会社を辞めて専法寺を継ぐため帰郷した梵副住職が、二〇一〇年に始めた。ライブやイベントでろうそくを使った経験から「ぜいたくでないシンプルな美しさ」に魅せられた。行事を始めた年の灯籠はペットボトル製だったが、二〇一二年から竹筒を使っている。

住民と手作りの灯籠300個を境内にともす専法寺の梵大英副住職。「当たり前の生活」を考えるために

「当たり前の生活」の尊さは二〇一一年の東日本大震災以降、特にクローズアップされてきた。梵副住職は「電気は自分たちの生活を見つめ直し、考える象徴だと思う。震災があってあらためて、灯籠を前にして考える場の大切さをかみしめている」と強調する。

感謝の心は、手を合わせる習慣とも通じると梵副住職はみる。

「昔は朝に合掌、夕に合掌する伝統があり、一日を無事終えられたことをありがたいと考えていた」。過疎と高齢化の進む中山間地域では特に、法座の参加者や月参りが減っている。「手を合わす機会をつくることも、僕らの大切な務めなんです」

## お寺が元気なら地域も元気になる

梵副住職は日頃、「歩くお坊さん」でもある。忙しい法務などの合間に時間を見つけては、法衣を着て、住民に声を掛けながら地元の商店街を歩いて回っている。商店主たちとの会話は何気ない世間話だが、そうした触れ合いがお寺と地域をつないでいる。

「親鸞聖人は民衆の中に入り、信頼関係を築いて布教伝道された。お寺に元気がないといわれるが、僕らが学ぶべきなのは聖人の姿」と思うからだ。

副住職の試みを見守っている父の照英住職（六十七歳）は、「貧しく苦しかった戦前戦後とは違い、今は物質的に豊か。よりよい生活を求める欲が先にくる」と指摘し、「物事を当たり前とみるか、感謝するかで生き方も大きく変わる。仏法の大事な教えに気付いてほしい」と、こうした取り組みを通じた縁の広がりを願っている。

専法寺がまず灯籠の行事を始め、地元の商店主たちが七夕夜市を二〇一二年から開いてタイアップするようになった。輪が広がった今は、例年五百人以上が一帯を訪れるようになった。二〇一五年も七月にあり、約五百人が参加した。境内では、農家などが出店する朝市も年に数回催している。「寺は地域のつながりを保つ大切な場所だと思う。行事に若い女性や子どもが来てくれると通りも華やか」と近くの玩具店主（六十六歳）。梵副住職は「地域を元気にし、住民とともに生きるお寺でありたい」と話す。

梵副住職は法務のほかにも、三次商工会議所青年部のメンバーとして、新しいご当地お好み焼き「三次《みよし》唐麺焼《からめんやき》」の開発、普及に携わる。麺に唐辛子を混ぜた唐麺を使い、地元の会社が手掛けた辛口ソースをかけて食べる一品。市内では、提供する店舗が増え、新たな三次の名物として定着した。僧侶という立場を越えて、一住民としても町おこしに挑む。梵副住職は「地域に元気がないと、お寺も活気付かない」と力を込める。

## 過疎だからこそお寺ができること

過疎が進んでいる地域で、お寺はこれからどうしていくべきなのか。熊本大学名誉教授の徳野貞雄氏（農村社会学）に、寺の衰退が進んでいる背景や問題点、今後の展望を聞いた。

「地域に暮らす人々に役立たないと、お寺の存在意義はない」と強調する。

――農山村のお寺が活気を失ってきている理由は？

「農村のお寺が衰退しているのは、一九六〇年代から進んできた大きな社会の変化にお寺が適応できていないからだろう。産業化、少産化、長寿化が社会の中で並行的に進んできた。若い労働力は都市部へ移動した」

――具体的にはどんな変化が起きてきたのですか？

「一九六〇年代までの農村は貨幣経済に依存しない自給生活が成り立ち、講を中心にお寺を支えてきた。

仕事も家族も地域に土着していた。みんな歩いて移動した。だが今は、車社会。家族は広域に広がり、子や孫は近隣市町で暮らす。世帯が分かれた家も多い。葬式も家族葬が増え、様変わりした。

こうした状況で、浄土真宗本願寺派の調査では、農山漁村の寺院の約六割は年間収入が三百万円未満。保育園などを法人化して運営しているところは安定しているだろうが、昔と変わらないままのお寺は苦しくもなる」

――お寺はこれから、どう変わっていけばいいとお考えですか？

「過疎だ、過疎だと泣きごとを言っているが、お寺を身近に感じる世代である六十歳以上は一番人口が多い。こうした世代には、古里で余生を過ごしたいと思う人たちがたくさんいる。お寺という場所が葬式の場ではなく、その世代に身近で、現実に生きている人にどれだけ役立つか。そこが重要だ。

お寺は説法や葬式をすればいいわけじゃない。広い空間があるのだから、人が集まるのにちょうどいい。そういう条件を生かしたらいい。地域の住民と農産物の直売所をしてもいいし、介護施設を運営してみてもいい」

――地域住民との関わり方は？

「布教などお寺の話ばかりをしているが、住職は本当に地域のために活動しているだろうか。お寺は住民がお布施を出して盛り立ててきた。ならば今こそ、お寺の側も死にゆく終末期の人や家族の心のケアなどをし、住民のサポートをすべきだ。住民が幸せに生活し、幸せに死んでいく手伝いをしなければ、これからの地域での寺院の存在意義はない」

# お寺の方から檀信徒に呼びかければ必ず活性効果はある

●円正寺（広島県庄原市）伊達崇史住職
●瑞泉寺（島根県大田市）三明慶輝住職
●西楽寺（島根県大田市）菅原昭生住職

過疎地域の寺院の住職たちが、出身者の多い都市部に出向いて法要を営む「離郷門信徒のつどい」が、中国地方の浄土真宗本願寺派寺院で増えてきた。寺院と門信徒のつながりを保ちながら、出身者に古里への愛着を持ち続けてもらう狙いだという。本山のほか、関東や関西、広島市などの別院を会場に、古里を離れた人たちに呼びかけて輪を広げている。寺院と門信徒の結びつきを単に強めるだけでなく、出身者同士の絆を紡ぐ場としても役立っているようだ。

宗派は過疎対策に有効な手法として普及に力を入れ、会場提供や助成金などで寺院や組を後押し。こうした支援も取り組みの呼び水になっている。

## 円正寺の「離郷門信徒のつどい」

「久しぶりじゃね。元気にしよった？」

本願寺広島別院（広島市中区）に二〇一五年九月十九日、広島県北部にある庄原市高野町の浄土真宗本願寺派円正寺の門信徒たち二十人余りが集まった。広島市近郊で暮らす人たちだ。

離郷門信徒のつどいは、前年に続いて二度目の開催。参加者は前年より五人ほど増えた。寺院関係者の子どもたちに「大きくなったね」と目を細める参加者もいて、親戚同士の集まりや同窓会を思わせるような和やかな雰囲気。法要や食事会などで旧交を温めた。円正寺は、県天然記念物に指定された樹齢約三百五十年のシダレザクラが有名で、四月中下旬ごろになると、県内外からも多くの行楽客が訪れる。

伊達崇史住職（三十五歳）は、このシダレザクラにまつわるエピソードを法話の中で紹介。冬場、雪に埋もれた木を見るために広島市から訪れた老夫婦が「花は、きれいに咲いているのも美しいが、雪が降っても風が吹いても立ち続けている姿はなお美しい」と語ったという。

老夫婦の話を例に挙げて、伊達住職は「一つの花を咲かせるために、どれだけの力がはたらいて木は生きているでしょうか。それは私たちも同じ。いつの時代も生老病死の悩みを人は抱えて生きている。仏様の大きな大地に心を根差し、そのはたらきを喜んで日々過ごしたい」などと説いた。

前年に続いて参加した広島市東区の女性（七十六歳）は、祖父の代から円正寺の門信徒。高野町で生まれ育ち、一九六一年に就職のため広島市へ出て古里を離れた。高野町へ電車やバスを使って墓参りに帰るが、生家はもうない。自宅に仏壇があるため、盆などには伊達住職に広島まで来てもらい、自宅で法要を営む。つどいについて「長く会っていなくても昔の面影があって懐かしい。年を重ねるほどに、古里を思い出す。お寺とのご縁のおかげで、高野とつながることができる。これからも続けてほしい」

本願寺広島別院で盛況裡に行われた円正寺の「離郷門信徒のつどい」

と喜ぶ。

旧高野町中心部の円正寺は、門信徒数がかつて三百戸を超えていた。伊達住職の幼少期、周囲には日用雑貨や食料品を売る店や旅館などがあり、にぎわっていた。その後、道路整備に伴い、三次市や庄原市の中心部まで買い物に出る住民が増え、大半の店はなくなった。高校の分校は廃校になり、働く場所も少ないため、古里を離れる若者が相次いだ。

伊達住職の中学校時代の同級生三十六人のうち、地元に残っているのは四人だけになった。

円正寺の門信徒も、そうした過疎化の波の中で減少、高齢化が進む。独居の高齢者が亡くなるたびに家は途絶えていく。

そこで、自らが都市部に出向いて門信徒との縁つなぎをしようと、二〇一四年からつどいを始めた。

都市部でアパートやマンション住まいの場合、仏壇のない家が増えており、仏法を身近に感じる機会がない。そのため、仏法を一緒に味わえる場を設けたいという思いも、伊達住職の背中を押した。

「次男や三男の方は、育った家でお仏壇のある生活を送っていても、古里を離れると、それがなくなる。つどいのご縁を通して、参加者の子や孫の代まで仏法を伝えていければ」と願う。

募集は、高野町出身者のグループの元世話役に頼んで円正寺ゆかりの人たちに声をかけてもらい、口コミで輪を広げる。

伊達住職は「自分たちの育った高野への思いが、年を取るごとに強くなっておられることが、つどいを通してあらためて分かった。お寺が媒体となって、古里と出身者を結んでいきたい」と意気込む。

## 瑞泉寺「京阪神門徒会」の四十三年

本願寺派によると、こうした取り組みは、一九六〇年代の半ばごろから見られ始めたという。宗派は、申請に基づいて会場を提供し、二〇一四年度からは開催助成金も支給。全国の申請数は二〇一四年度が計三十二団体の三十七回、二〇一五年度は、約四十団体から五十件近い申し込みがあり、増加傾向だ。同派の寺院活動支援部は「み教えを伝えることに加え、出身者とつながり、お寺の維持、存続にも役立つ取り組み」として、宗報などで開催を促している。地域別では山陰、鹿児島、山口などが多く、広島はまだ少ない。

山陰では、島根県大田市温泉津町の浄土真宗本願寺派瑞泉寺が、宗派による支援がまだなかった一九七三年から続ける。二〇一五年十一月初め、つどいを四十年以上続けている意義を聞くため、同寺を訪ねた。

海沿いの国道九号から幅の狭い道路を通って山側に向かうと、田園地帯が開けてくる。稲束を天日干しするために木を組んだ「ヨズクハデ」で有名な西田集落だ。稲束を掛けた様子がヨズク（フクロウ）に似ている点が名前の由来といい、秋は行楽客でにぎわう。

西本願寺聞法会館で「京阪神門徒会」を続ける瑞泉寺の本堂

晩秋の集落はひっそりと静まり返っていた。小川をまたいで瑞泉寺橋を渡ると、樹齢三百五十年以上の大イチョウがそびえ、立派な山門と本堂が目を引く。

「ここ西田はかつて、銀山街道の宿場町として栄え、旅館や芝居小屋などが建ち並んでいたそうです」。同寺の三明《みあけ》慶輝住職（六十二歳）が出迎えてくれた。

かつて、銀山のある大森から温泉津の港まで荷物を運んでいたころ、西田を境に平坦路から坂道に勾配が変わるため、この集落は馬車から牛へと荷物を積み替えるターミナルのような場所だったという。一九五〇年代半ばを過ぎたころから集落の過疎、高齢化が進み、今は四十二世帯の六十人が暮らす。高齢の独居か二人暮らしが大半だ。集落内には本願寺派が二カ寺、曹洞宗が一カ寺ある。

瑞泉寺は真言宗として、一三二七（嘉暦二）年に開基。一五四〇（天文九）年に浄土真宗に変わった。毛利元就の影響が大きかったという。昔は門信徒が約五百戸あったが、今は地元に残っているのは三百戸足らずになった。

温泉津町全体で見ても、人口は、一九五四年に約一万二千人、三明住職が龍谷大学を卒業して地元に帰った一九七六年には六千四百人、今は三千二百人まで減少した。

過疎の波が強まる中、先代で三明住職の父慶泉師が一九七三年、西本願寺を会場に「京阪神門徒会」という名称で初めてのつどいを開いた。四十三年前だ。この年は親鸞聖人誕生八百年に当たり、門徒会の開催は記念事業として企画した。

本山の支援がまだ何もない時代。慶泉師が、本山に勤務していた知人に頼んで会場を確保した。初回の参加者は約三十人。龍谷大学二年生だった三明住職も加わった。その時に幼児だった参加者が今は親になり、子どもを連れて出てくるようになった。

三明住職は、「父は発想の豊かな人だった。参加者数が落ち込んで少ない時期もあったが、地道に続けてきた成果だと思う。門信徒の皆さんも喜んでくれている」と感慨深そうに振り返る。

西田はもともと、大工や左官が多い集落で、出稼ぎのため関西や九州、広島などに出る人が多かった。そして、高度経済成長の中、家族を呼び寄せて移住する人も相次いだ。都市部に出た門信徒の中には、新興の他宗派に流れる人もおり、浄土真宗の教えが薄れたり、寺院の経営が厳しくなったりすることへの危機感が背景にはあった。

門徒会の開催時期は職人に時間的な余裕のある二月だったが、阪神・淡路大震災があった一九九五年から、四月の第一日曜日に開くように変わった。

法事で里帰りしてきた出身者に直接声を掛けるなどして参加者を増やし、口コミでも輪は広がった。二〇一二年には百十二人と百人を超えたこともある。本山に勤める三明住職の長男も毎回参加し、門信徒たちとの親睦を深める。最近は約百二十世帯に案内状を郵送。八十人前後が参加する。四十三回目だった二〇一四年は七十六人だった。東京、大阪、京都、埼玉、静岡、三重、滋賀、兵庫、奈良、広島、島根の一都二府八県から幅広く集まった。

会場は西本願寺の聞法会館を使っている。二〇一五年のつどいでは、まず讃仏偈をお勤めし、参加者の焼香、講師の法話、大谷本廟への参拝などがあった。昼食を囲んでの懇談はいつも盛り上がる。

「わしが死んだ時、葬式に来てくれるのか」という相談を受けたこともある。

このつどいを縁に、三明住職は年に二、三度、関東や関西などの遠方からも葬儀に呼ばれる。盆などの帰郷時、寺院へ立ち寄る門信徒も増えた。寺院の修繕などにも気持ちよく協力してくれるという。

参加者は、必ずしも良好な状態で古里を離れた人ばかりではない。借金を残すなど、古里へ帰りたくても帰れない人もいたという。そうした人からは、「わしみたいに古里を捨てた者に毎年連絡をくれ、ありがたい」と喜びの声を掛けられる。三明住職は「心のよりどころを求めている証し」と話す。

「次世代にご法義を伝えたい。人は人を呼ぶ。その輪の広がりがうれしいし、大切。小さい子どもたちが一緒にお勤めし、焼香する姿もいい」と三明住職。

核家族化が進む中、きょうだいのうち長男が古里に残っても、次男や娘たちは門信徒関係を離れる場合が多い。土着型の生活スタイルに基づき、家とつながってきたお寺の在り方では限界があり、こうしたつどいなどを通し、世帯と結びついていく必要性を三明住職は実感している。

「外に出た門信徒に何もせずに過疎、過疎と嘆いても始まらない。これからは受け身ではなく、こちらから出て行って古里を離れた人にも手を差し伸べる必要がある。われわれ僧侶の側にもっとできることがあるのではないか。ピンチをチャンスに変えたい」と力を込める。

## 西楽寺「京阪神温西会」の三十八年

瑞泉寺に倣って、温泉津町の浄土真宗本願寺派西楽寺は一九七七年につどいを始めた。最初は、菅原昭生住職（五十七歳）の父が同級生を中心に大阪市の本願寺津村別院で開き、参加者は十三人だった。当時の世話役は多くが亡くなった。

二〇一五年五月には三十八回目のつどい「京阪神温西会」を西本願寺で開いた。名称の由来は「温泉津」の「温」、「西楽寺」の「西」をとった。

会場はその後、大阪、神戸、京都を巡回する形になり、最近は西本願寺か、大谷本廟での開催で定着している。

つどいには近年、京阪神方面に住む六十人から九十人が参加。懐かしい顔に会えたり、島根弁を聞けたりする点も好評という。最初のころと世代交代しながら、つどいを通じた仏縁がその後も引き継がれている。事前の案内は、直近の一年に亡くなった門信徒の遺族にも送っている。

温西会について、同寺は、古里を温泉津、心の古里を西楽寺、いのちの古里をお浄土ととらえ、参加した門信徒たちに説明する。

第三十回の時に配布したパンフレットでは《古里は、いつでも、どこでも私を支え、守り、包んでいてくれる。こちらが感じても感じなくても、覚えていても忘れていても関係ない。親や子、孫が全国に拡散していく現代で、変わらず動かず、すべてを結んでくれる古里の存在意義はさらに大きくなる》と開催趣意を書いている。

38回目を数える「京阪神温西会」を開いて大盛況の西楽寺

菅原住職が一九八九年に住職になって以降は、日にちを決めて関西や関東、九州に住職が出向いて、門信徒方を回る活動も併せて続けた。方面別にまとまった日程を三日ほど組み、各戸の報恩講などを勤める。菅原住職はホテルで寝泊まりしながら回ってきた。方面別にまとめて行くことで、「わざわざ」という申し訳ない思いを門信徒に抱かせずに済むよう工夫してきた。

二〇一五年三月には、菅原住職の長男がアパートの一室を拠点に常駐する「関西支舎温西坊」を大阪市内に設け、関西の門信徒とのつながりをより深めた。開設に伴い、関西方面の日頃のお参りは長男にほぼ任せたが、定期便は東京、九州で菅原住職自らが今も続けている。

こうした取り組みを通じ、西楽寺では死亡などで門信徒が少なくなる自然減はあっても、転出などに伴う社会減はほとんどないという。

菅原住職は、「温泉津を離れた後も門信徒のままでいてくださり、ありがたい。居住地は、代が替わるたびに変わる可能性があるが、古里には動かない強みがある。こちらが出向いて行けば、門信徒との距離は縮まる。こうしたご縁は父の残してくれた財産だと思う。町のため、寺のためにこれからも努力したい」と、機動的な活動の意義を強調する。

離郷門信徒のつどいについて、「都市部で全く縁のない信者へ布教するのは難しくても、古里を縁にアプローチするのはいいきっかけになる。その結果、浄土真宗を信仰し続けてもらえば、これほど有効な都市開教はない」と話す僧侶もいる。こうした取り組みは労力がいるが、過疎地の寺院と出身者のつながりは、仏教の活性化においても今後、重要なポイントになるのではないか。

# 超宗派による過疎寺院調査で分かった僧侶の覚悟

●熊本大学　徳野貞雄名誉教授
●浄土真宗本願寺派総合研究所　坂原英見上級研究員
●真宗大谷派企画調整局　大江則成次長

## 宗門として初めての実態調査

少子高齢化の進む中国山地に多くの寺院がある浄土真宗本願寺派が二〇一五年九月十一日から十四日にかけ、広島県三次市作木《さくぎ》町で、寺院と住民とのつながりなど、過疎地の実態をつかむ調査をした。同派が、過疎地でこうした調査をするのは初めて。高齢の独居や夫婦二人などの世帯が多い半面、三次市、広島市など近隣にいる子どもたちが作木町と行き来し、物心両面で親の生活を支える日常も浮かんだ。こうした世代と故郷にある寺院がどう関わり、つながりを保つか。調査結果の集計、分析を踏まえ、寺院と地域の振興策へのヒントを探るという。

調査は一般社団法人トクノスクール・農村研究所（福岡県遠賀《おんが》郡岡垣町）理事長で、熊本大学名誉教授の徳野貞雄氏（農村社会学）と共同で企画。浄土真宗本願寺派を中心に、真宗大谷派、真言宗智山派の関係者、龍谷大学などの学生たちも加わった約三十人が実施した。参加者は作木町内に泊まり込み、連日午前九時ごろから夜九時ごろまで調査に打ち込んだ。

作木町は本願寺派の門信徒が多く、約二十年前に一カ寺が廃寺になり、現在は東光坊、浄円寺、蓮光寺の三カ寺が残る。人口は、二〇一五年七月末時点で千五百八人。十年前に比べ四百五十七人減った。高齢化率（六十五歳以上の割合）は48・7％で、広島県平均より20ポイント以上高い。過疎問題の調査に関わる浄土真宗本願寺派総合研究所の坂原英見・上級研究員（五十四歳）が、同町の東光坊で住職を務める縁もあって作木町での調査が決まった。

調査対象は、前記三カ寺の地元と、廃寺のある地区を含む四地区で対象は計二百八十五戸。可能な限り各戸を直接訪ねて、お寺へ参る回数、墓や仏壇を将来どうするか、お寺が地域に役立っているか――などを面談で聞き取った。

## 亡くなった後も寺や墓だけは

各戸の直接訪問では、険しい谷に沿って家々が点在している山あいの集落を訪ねた。二人で暮らす無職の男性（六十九歳）と妻（七十二歳）はここ最近、体の調子が悪く、杖の必要な生活を送っている。先祖代々三百年以上、家や田畑を受け継いできたという。その農地も管理することができなくなった。自宅の前でわずかな野菜は育てているが、農地のほとんどは雑草が生い茂って今は「イノシシの巣」になっているという。一人息子は広島市内にいて、夫婦共働き。二人の孫を連れて年に二、三度帰省してくる。家事をなんとかこなしている妻は「手伝いはまだいりません」と気を張る。夫は車を何とか運転できる。月に一回は片道三十分以上かけて三次市中心部まで出て、生鮮品を含めて食料品を買いためる。それを冷凍しておき、必要な時に解凍して食べる生活だ。集落の中で孤立感も感じることがあり「朝ぽっくり死んでいればいいのに――と思うこともある」と妻。一方で、一人息子の話になるとほおが緩む。帰省するたび墓掃除や雑草取りを自分たちに代わってしてくれるという。「本当に助かっとるよ」。息子一家を墓前で撮った写真パネルを持ち出し、ほほ笑んだ。

調査を住民に説明する徳野貞雄熊本大学名誉教授

田んぼの向こうにあった墓は、何年か前に自宅の敷地内に移した。妻は「私の実の母は、仏様を大事にしていた。着る物はどれも線香の匂いが染みついていたほど。だから、息子にはここへ住んでくれなくてもいいから、私たちが亡くなった後も、お寺や墓だけは大切に引き継いでほしい」と願う。

谷に沿って下ったところに一人で住む、農業を営む女性（七十二歳）は、夫を約四十年前に亡くしてから二人の娘を育てた。娘は広島市近郊に嫁いだが、長女（四十九歳）、次女（四十六歳）ともに月に何度か里帰りしてくる。訪ねた日も娘たちの声が家の中から響き、楽しそうな雰囲気。

帰省してきた時の家事だけでなく、農繁期に田んぼや畑の仕事も手伝ってくれる頼もしい存在だ。

「普段の生活や交通の便、教育環境などが恵まれているとはいえない。働く場もないから、子や孫たちに住んでほしいとは思わない」と言う一方で、「人情があつい地域。私はここを離れるつもりはない」と話す。墓や仏壇を誰にどう継承していくのかなど、先のことはまだ考えていないようだ。

## お寺への思いは人それぞれに

農業をする父親（八十三歳）と二人で暮らす会社員の男性（五十一歳）は、自らの世代とお寺の関係について、「死んだら、お寺にお世話にならないといけないのは分かっとるよ。じゃがね、わしらは宗教教育は受けとらんし、最近はお寺に頼った生活じゃない。経済活動が優先になっており、頼るものは宗教じゃない」という。「おやじの世代とは考え方が違い、寺は行事や葬儀の場だと思っている。年をとれば感覚が違ってくるかもしれないが、今はどうしてもお寺が必要だという意識はない」ときっぱりと話す。男性は法事などで法話を聞けば、その時は「なるほど」とうなずきはするが、日頃から聞法の習慣はない。「寺離れといわれるが、わしらが離れているのではなく、寺のあり方が現代に合っていないだけじゃないか」とも指摘する。「地域の人たちの生活が変わってしまっているのだから、お寺の側もそれに合わせていく必要がある。現代人をどう巻き込んでいくかは、その時代を担うお寺が考えて、変わっていかないといけない」と疑問を投げかけた。

田園地帯に妻（六十六歳）と暮らしている農業の男性（七十二歳）方では、三次市内に暮らす独身の長男（四十三歳）が毎週帰ってきて、農作業を手伝ってくれる。仏事や、お寺の行事にも、積極的に参加してくれる。福岡県に暮らす長女（三十五歳）夫妻と孫三人は年に一、二度、帰省。年始のお寺参りは習慣的に続けている。墓は地域の共同墓地から家の敷地内に最近移転した。合同の清掃活動に参加できなくなったため、住民との関わりが薄くなったのが悩みという。お寺との関わりについて、「お寺は絶対になけらにゃあいけん。誰もがそうじゃろう思うが、信仰の大事な心のよりどころじゃけん。年をとると我を張ることも多くなるから、教えを聞かんと。うちには年寄りがおらんから、仏事や家のことで相談に乗ってくれるのはお寺しかない。住職さんを見たら気持ちがほっとする」と力を込めた。

3カ寺の門信徒を訪ねて寺院への思いなどを聞く調査員

また、一人暮らしの主婦（八十二歳）は、買い物などの日常の交通手段はタクシー頼みだ。買い物、教育環境、交通の便などは「よくない」という。一方で住民同士は仲がいい。「人口が今以上に減っていくのも時間の問題じゃろうと思う。私は生まれ育った故郷を大事にしたいから、これからも住み続ける。水や空気がきれいだから我慢できる。子や孫が住むのはかわいそうだが、住んでくれないと家がつぶれてしまうじゃろうね」と複雑な思いを打ち明けた。

この主婦が支えにしているのは、広島市で暮らす長男（五十五歳）と長女（五十八歳）の一家。二人とも月に一、二度は帰ってくる。毎週末、「おばあちゃん、大丈夫？」と孫からも電話がある。靴に入っていたムカデに足を刺されたと伝えると、孫から靴立てが届くなど、離れて暮らしていても、その優しさが何よりうれしい。長男も定年後はUターンする予定だという。

地元のお寺の仏教婦人会に入るなど、法要や行事など師匠寺の活動には積極的に参加している。「お寺は心のよりどころ。地域に絶対に必要だと思う。悪いことを言うてしもうた時は反省心も起こしてくれる」。お寺との付き合いも息子に引き継ごうと考えている。

## 実態調査で分かったお寺の役割

調査ではさらに、この四地区ごとに住民計約八十人にお寺や集会所へ集まってもらい、徳野氏が提唱する「T型集落点検」という手法で、住民の世帯構成や、生活支援を期待できる家族や住民の有無などを地図に自ら書き込んでいく作業にも取り組んだ。

初日は東光坊の本堂で実施。住民十六人が参加した。四つのテーブルを囲み、「うちの集落は三軒が空き家」「子どもは広島と三次にいて、よく帰ってくる」などと報告し合っていた。多くの高齢世代は、近隣に子どもがいて支えられている実態が浮かんだ。点検に参加した作木町下作木上区の区長（六十七歳）は、「過疎への不安が先立っていたが、点検で明るい面が見えた。故郷を離れた人を含めて、お寺が地域の結びつきを強める場であってほしい」と期待する。

東光坊の坂原住職は、自坊の門信徒の半数以上が作木を離れ、広島や福山市などの門信徒方へのお参りも続ける。そうした家々を回るため自家用車の走行距離は年間六万キロを超える。坂原住職は「調査では、身近な場所に門信徒がいて、親の生活を支えていることを再認識できた。法事、葬儀のつながりだけでなく、彼らに故郷の寺院とどう親しんでもらうかが課題」と、行事など寺院の運営の在り方を再考する必要性をあらためて実感した。

「T型集落点検」の地図を囲んで話し合う地域住民たち

徳野氏によると、各地の農山村で一九六〇年ごろを境に、若者世帯が地元を離れる動きが加速した。寺院と檀家の関係も変化してきた。「家を相手にしてきたお寺のシステムと人々の生活にずれがある。子の誰が実家を支え、法事など仏事への意識は今どうなのか。実態が分からないと振興策を描きようがない」と話す。

## 限界集落だって人は生きている

現地での調査を終えた徳野氏は「自治体やマスコミは限界集落などというが、独居になっても、彼らを支える基盤はきちんとある」と強調。歩いて生活していた時代と違い、車社会になった今では、一、二時間もあれば広島からでも故郷を訪ねられるためだ。

徳野氏は、三次市など県北部は住民の暮らしのエリアが広がった「広域生活圏」、広島市などの都市圏は、故郷の両親たちが必要とした時にすぐ帰れる「生活安心圏」と指摘。「今回の調査で絆を再確認できた」と振り返る。

過疎問題について、浄土真宗本願寺派は真宗大谷派などとともに、対策担当者たちが宗派を超えて定期的に集い、情報交換する連絡懇談会も発足させ、活動している。各宗派は人口が流出した山間部などで寺院の解散・合併が迫られる深刻な状況に直面しており、共通課題として、過疎地の寺院が地域とどう歩むかを探る狙いだ。

二回目の懇談会は真宗大谷派の真宗教化センター「しんらん交流館」（京都市下京区）で二〇一五年八月にあり、三十三人が参加。

臨済宗妙心寺派（京都市右京区）の関係者は、町内の住職三人を中心に二十三カ寺を守る和歌山県古座川町の現状などについて報告した。同町の住職が、距離の近い三カ寺の合併を檀家に打診したところ、わが寺を集落の誇りとして守りたい思いが強く、合併が進まなかった現状を紹介。「檀信徒が納得しないと、寺院側の都合での統廃合は難しい」と打ち明けた。

臨済宗妙心寺派は全国約三千三百六十カ寺のうち、兼務が約三割。年に数カ寺が解散か、合併している。同じ和歌山県内の若い僧侶が寺院を拠点に高齢者の訪問介護を始めたケースも挙げ、「こうした取り組みはとても気力がいる。過疎は僧侶の覚悟が試される問題でもある」と説いた。

懇談会は、二〇一五年五月半ばに一回目を開いた。徳野氏を招いて前年十一月に京都で開いた過疎問題の公開講座がきっかけだった。受講していた真宗大谷派と浄土真宗本願寺派を中心に、臨済宗妙心寺派、日蓮宗、真言宗智山派、真宗興正派、浄土宗、曹洞宗の僧侶が参加し、輪が広がっている。本願寺派はこれを契機に九月の作木町での現地調査をすることにした。

定期的に過疎問題の情報を交換する連絡懇談会は、真宗大谷派、浄土真宗本願寺派、真言宗智山派、真宗興正派、臨済宗妙心寺派、浄土宗、日蓮宗、曹洞宗等へと輪が広がっている

懇談会は二、三カ月に一回程度開き、各宗派が現状や取り組みを報告する。事務局の真宗大谷派でも年に十カ寺近くが解散や合併しているという。

大江則成・真宗大谷派企画調整局次長は「過疎地域のお寺といっても、それぞれに事情は異なる。十把ひとからげの対応はできないが、どこの宗派も悩みは同じだと思う。有益な情報を共有し、寺院の振興策を考えたい」と話す。

過疎地では、坂原住職のように、故郷を離れた門信徒との絆を保とうと奮闘する僧侶もいる。労力や出費がかさんでも、「寺は故郷と出身者をつなぐ砦」との思いがあるからだ。こうした地道な活動が、出身者の気持ちを故郷へ向けさせる大きな力となっている。調査を生かし、Uターンの呼び水になるような、宗派や寺院の活動ができれば、過疎地でのお寺の存在意義はよりいっそう高まるはずだ。

# 過疎地の寺院を支えている
# 檀信徒の意識調査で分かった事実

●広島県三次市作木町　過疎地調査

中国地方の山間部に多くの寺院がある浄土真宗本願寺派などが、広島県三次市作木町で二〇一五年九月十一日〜十四日に実施した過疎地調査（詳細は72頁参照）の結果がまとまった。同派による過疎地でのこうした調査は初めて。寺院と住民のつながりなど過疎地の実態をつかむ狙いで企画した。

住民は寺院が必要と感じながらも、相互の関係は薄れつつある実態が浮き彫りになった。

調査は、前出の徳野貞雄氏と共同で実施。浄土真宗本願寺派を中心に、真宗大谷派、真言宗智山派の関係者、龍谷大学などの学生たちも加わった約三十人が現地を訪れ、宗派を超えて住民の思いを探った。

同町には三カ寺があり、調査は廃寺のある地区を含む四地区を対象とした。十五〜九十六歳の三百九人にアンケート用紙を配り、二百二十四人が答えた（回答率72・5％）。答えは、調査員が直接聞き取るか、住民に書いてもらって用紙を後日郵送してもらった。

## 集計結果が示す過疎地の傾向

集計結果を見ると、寺院へ参る頻度は「年一、二回」が44・7％、「ほとんど行かない」は42・3％。

その反面、「ほとんど毎日」という人も1・4％、「月に一、二回」も10・8％いた（図❶）。

参る理由は寺院の法要や行事、家の法事だった（次頁図❷）。寺院の存在意義（複数回答）は「地域の象徴」94％、「信仰上の重要な心のよりどころ」80・5％などで、必要とする答えが目立った。一方、「お墓などの面倒をみてくれる」53・1％、「個人的な相談にのってもらう」は42・3％と少なかった（87頁図❸、88頁図❹）。

図❶ お寺参りの頻度（%）

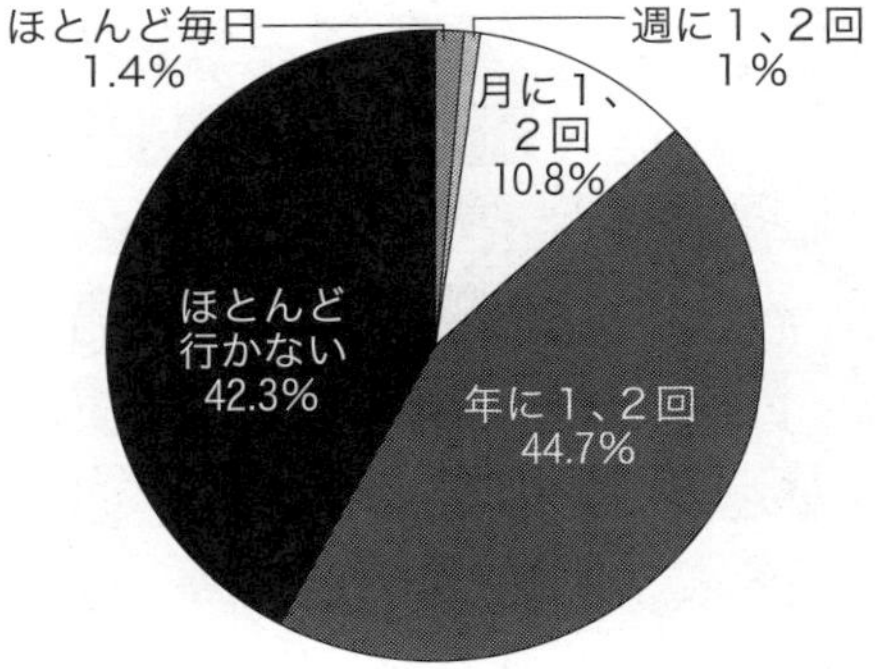


自分の葬儀の希望は、集落の人も参列した従来型21・7％、家族葬32・1％、子どもに任せている15・1％で、人間関係のつながりが強い中山間地域でも簡素化の傾向が見られた（85頁表③）。

住民とその子との日常の関係は、六十五歳以上の世帯の子の79％が、三次市や広島市など広島県内に住み、定期的に作木町に戻って農作業や家事、送迎などで親を支えている実態も見えた。

図❷ お寺参りの機会や目的

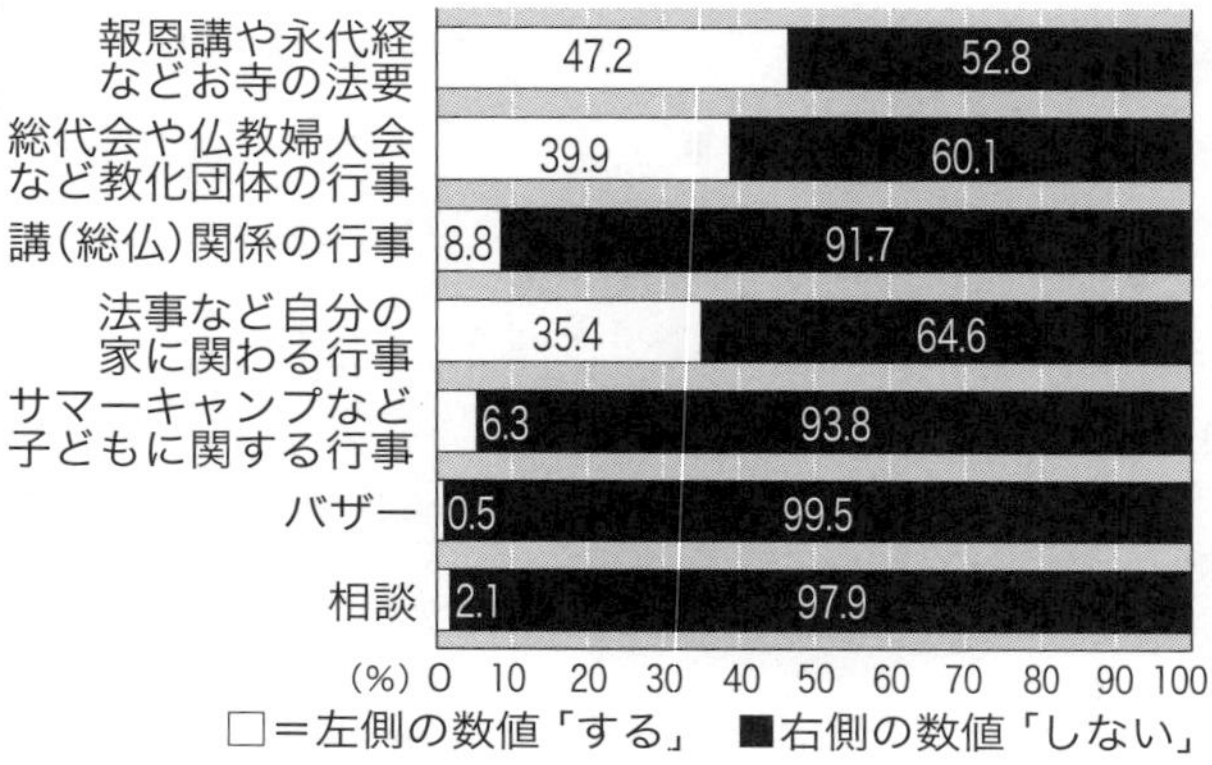


調査に同行した際、こうした支え合いの実態は住民の声から垣間見えた。約四十年前に夫を亡くして一人暮らしをしていた女性（七十二歳）は、二人の娘が広島市近郊に嫁いだが、長女、次女ともに月に何度か里帰りしてくる。調査の日も娘たちの声が家の中から響き、和気あいあいとした楽しそうな雰囲気が伝わってきた。帰省してきた時の家事だけでなく、農繁期に田んぼや畑の仕事も手伝ってくれるという。受け答えする女性は「頼もしい存在」と話し、その表情に悲壮感は感じなかった。

回答者の息子などと寺院や仏事との関わりは、「いつも」「たまに」を合わせて墓参り93％、葬儀95％、法事91％だった。その一方、浄土真宗で大切にされる報恩講は26％だった。子どもに寺院との関係を引き継ぐは29％、継承しないが20％で、分からないが51％という結果だったが、今後の動向が気になるところだ。

墓地の継承は、現在地に残したいと思う人が9割を超したが、そのうち38・5％は「後継者がいない」と回答。

「自分の代で墓仕舞いする」も4・6%あった（表①）。

仏壇は、後継者が決まっているが45・8%、決まっていないは43・3%、「自分の代での処分を考えている」4・5%だった（表②）。同行取材で出会った老夫婦も、子どもへの墓地の継承を願う一人で、自宅から離れて参りにくかったお墓を何年か前に自宅の敷地内に移していた。妻は「息子にはここへ住んでくれなくてもいいから、私たちが亡くなった後も、お寺やお墓だけは大切に引き継いでほしい」と

### 表① お墓の今後について

| お墓の今後について | 割合 |
|---|---|
| 今の場所で引き継ぐ継承者が既に決まっている | 52.3% |
| 今の場所で引き継いでほしいと考えているが、継承者は決まっていない | 38.5% |
| 継承のことを考えて息子の住む家の近くなどへ移転させるつもりである | 1.0% |
| 自分の代で墓仕舞いする | 4.6% |

### 表② 仏壇の今後について

| 仏壇の今後について | 割合 |
|---|---|
| 後継者が既に決まっている | 45.8% |
| 自分の代以降も引き継いでほしいと考えているが、継承者は決まっていない | 43.3% |
| 継承のことを考えて息子の住む家の近くなどへ移転させるつもりである | 1.0% |
| 自分の代での処分を考えている | 4.5% |

### 表③ 自分の葬儀についての態度

| 自分の葬儀について | 割合 |
|---|---|
| 集落の方々にもご参列いただいて従来どおりのやり方で行う | 21.7% |
| 親族中心で家族葬のような形で行う | 32.1% |
| お葬式はなるべくコンパクトに行いたい | 12.7% |
| 葬式はやらない、あるいは直葬（火葬場へ直行）にする | 1.9% |
| 子どもたちに任せているのでよく分からない | 15.1% |
| まだ先のことなので考えていない | 13.7% |

83頁～88頁の図表は『2016年 浄土真宗本願寺派作木調査報告書』をもとに作成したものです。

願っていた。

アンケートとは別に実施した、もう一つの調査は、徳野氏が提唱している「T型集落点検」。住民の世帯構成や、生活支援を期待できる家族や住民の有無などを地図に自ら書き込んでいく作業で、四地区で計六十六人が参加した。この点検でも、多くの高齢世帯は近隣に子どもがいて支えられている実態が浮かび、「過疎への不安が先立っていたが、点検で地域の明るい面が見えた」と振り返る住民もいた。

## 住民はお寺に何を期待するか

宗派による過疎地調査は、三次市内の寺院関係者の関心も高かった。本願寺派備後教区三次組（三十四カ寺）は二〇一五年十二月下旬、市内で人口減少問題をテーマに開いた講習会で、今回の調査の中間報告を扱った。熱心にお寺へ通っていた門信徒が高齢化し、三次組のお寺ではここ数年でお参りが急速に減少。市北部の作木町だけでなく、中心部に近いエリアにも過疎の影響が広がりつつあり、打開策のヒントを探ろうと企画した。

講師は作木町にある三カ寺の一つで、前出の東光坊の坂原英見住職。本願寺派総合研究所の上級研究員として中心になって進めた調査の中間報告をしながら、人口減少と高齢化が進む地域の現状やこれからの課題を説明した。

坂原住職が示した注目すべき点は、寺院の存在について「地域の象徴」「信仰上の重要な心のよりどころ」として必要と回答した人が多かった一方、相談にのってもらう場ととらえている人が少なかった

図❸ お寺はなぜ必要か

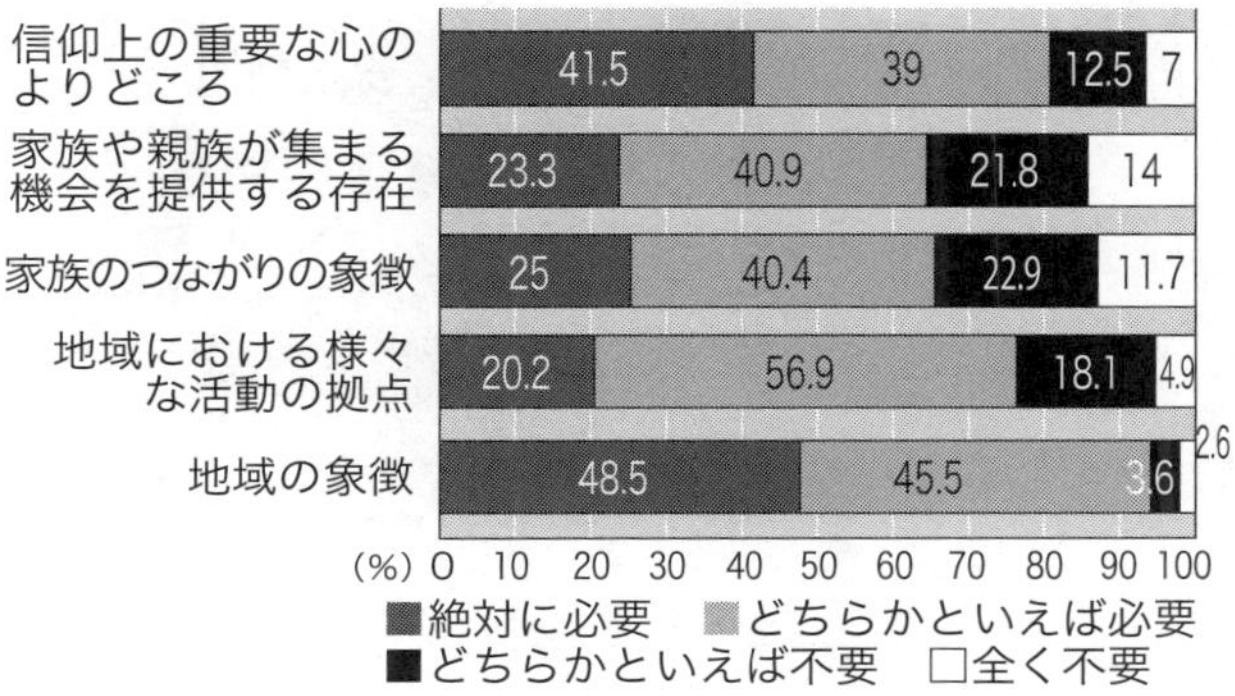


ことである。

寺院へのお参り回数が、「年一、二回」と「ほとんどしない」で計九割近くを占めたことなどをとらえて、「過疎地のお寺は住民の相談相手になれているだろうか」と疑問を示し、「住民が元気になれるよう、お寺は人々の苦悩と向きあっていくことも大切」と説いた。

古里の印象に関するデータにも注目した。交通が不便、就職先がない――とマイナス面を感じている回答が目立った一方、「愛着がある」83％、「作木に住みたい」76％、「総合的に暮らしやすい」63％と、好意的にとらえる住民が多かった点である。

六十五歳以上の高齢者世帯の子どもの約八割が広島県内に住み、定期的に作木町に戻って親を支えていることにも言及し、坂原住職は「住民は過疎地で楽しく暮らし、古里への御恩報謝の気持ちから村を支えていこうとしている」と指摘した。

経済優先の社会が、東日本大震災を機に、心のよりどこ

図④ お寺はどんな存在か

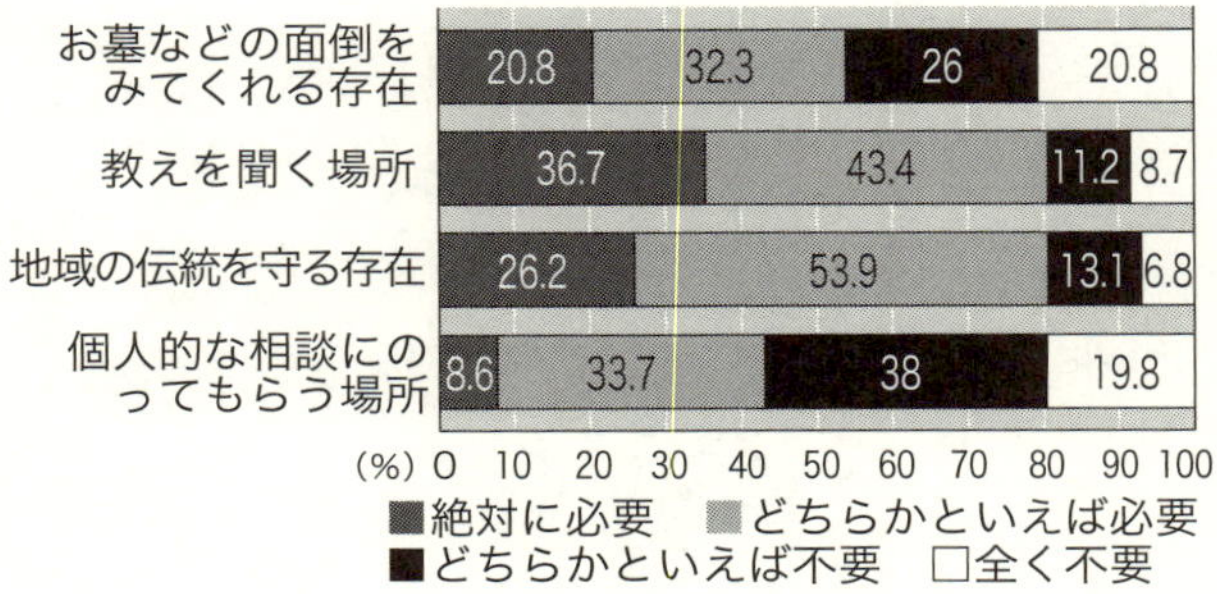


ろとして宗教に期待するようになってきたとも述べて、「人口を増やすのがわれわれ僧侶の仕事ではない。心の面で地域を活性化し、皆さんが生き生きと暮らせるよう、お寺の力を発揮したい」と力説した。

三次組の講習会では初めて過疎がテーマとされた。約七十人が参加し、僧侶だけでなく門信徒の姿も目立った。

「悩みを抱えていても、お寺参りをすれば念仏で救われる。心の活性化はお寺以外にできないと、私も思う」と作木町の農業男性（七十四歳）。「法座だけでなく、忘年会のような親睦の場を設けて積極的なご縁づくりをすれば、若い人もお寺へもっと行きやすくなるのではないか」と提案する。

三次市内の専正寺の深水顕真住職（四十五歳）は寺院に象徴性が期待されているアンケート結果に着目し、「大きな屋根の本堂そのものを維持することにも価値がある」と指摘。「近年は子どもを連れて除夜の鐘を撞きに来る若者が増えている。若い世代が聴聞に象徴性を感じられる努力をすれば、お参りを増やしていける可能性があるのではないか」と展望を描いていた。

## 仏事で子どもと地域をつなぐ

最終的な結果を受け、浄土真宗本願寺派は作木町で二〇一六年三月二十五日夜、調査の報告会（集落点検報告会）を開き、住民たち約五十人が参加した。

調査結果の分析や、地元自治組織の代表者たちを交えたパネル討論を通じ、作木町を離れた人と古里のつながりをどう結び直すかが、地域の大きな課題としてあらためて浮かび上がった。参加者からは、こうした点での寺院の役割を期待する声が出ていた。

登壇した作木町自治連合会の田村真司会長（六十六歳）は、作木町を離れた子どもたちが親を支える半面、地域の住民とは関わりたがらない現状を説明した。配食などをして地域で見守ってきた高齢者が亡くなると、住民に知らされぬまま、いつの間にか葬儀が家族だけで済まされていることが増えたという。「長くお付き合いした故人とお別れをしたいのに、葬儀さえ知らされず、残念に思う。親が亡くなった時点で、その家と地域との関係も切れてしまう」と指摘した。

調査結果でも、自分の葬儀の希望は、集落の人も参列した従来型が21・7％だったが、家族葬32・1％、子どもに任せている15・1％、葬式はやらないも1・9％と、田村会長の危機感を裏付ける。

調査に参加した日蓮宗僧侶で静岡大学の中條暁仁准教授（地理学）は討論の中で、お墓参りや葬儀、法事の際、子どもの九割以上が関わっているという結果に着目した。

「お寺ならば、仏事を通じて子や孫との関係をつなぎ留める可能性を持っているのではないか」とみて、古里を離れた人との積極的な縁つなぎを提唱した。

「古里の家族に子どもが気遣いできるのは、真宗の教えに根差した風土からではないか」との見方を示したのは、広島、島根県を中心として集落支援に取り組むNPO法人ひろしまねの安藤周治理事長（六十八歳、作木町）だ。発言を終え、「たとえ元気でも、家に引きこもりがちになったお年寄りもいる。認知症予防の講習会でもサロンでもいいので、高齢者が外出し、集える場をお寺に設けられないか」と期待した。

## 信徒との縁をつなぐ取り組み

報告会後、田村会長は「廃屋が増え、集落はどんどん疲弊している。作木町を離れた人にもう一度帰ってもらって一緒にまちづくりをしたいが、妙案がない。過疎地の大きな課題だ」とし、「親が亡くなり、作木との縁が切れてからでは手遅れになる」と危機感を募らせた。

調査に協力した蓮光寺（同町）の坊守、桑名陽子さん（六十六歳）は会場で報告を聞き、「作木を出た人との縁も大切にしたい」と受け止める。兼職をしながらの寺院運営は厳しいが、同寺は年六回、作木を離れた門信徒約九十世帯に作木や寺の様子などを書いた便りを発送しており、帰省のきっかけになっている面もあるようだ。こうした取り組みで縁つなぎに役立ちたいと考えており、人が集まる場づくりに向けても「法要で出すお斎《とき》を生かせないか」と思案する。

本願寺派は、作木町を離れた門信徒の多くが広島県内にいるという調査結果を踏まえて、出身者の多い都市部に同町の住職たちが出向いて法要を営む「離郷門信徒のつどい」の広島市などでの開催を模索している。このつどいは本願寺派が力を入れている取り組みで、実際、島根県などの寺院では、関西方面で毎年開いて成果を上げているケースもある。作木町での調査結果や分析は、宗派の機関誌にも掲載し、過疎の課題を抱える全国の寺院で役立ててもらうとしている。

意識調査結果を踏まえての報告会（2016年３月25日）

## お寺を住民が集まれる場所に

本願寺派と共同で過疎地調査をした徳野氏は、最終報告から見えた課題について、次のように指摘する。

「行政は、世帯数の減少や高齢化を見て過疎が進んだというが、今は車で移動できる時代。高齢者世帯でも、その子どもの八割は三次、広島市内など広島県内に住み、親を支えている。世帯と家族は違う。子がたとえ移動しても家族はなくならない。世帯の規模は縮小しても、家族は地理的な空間を超えて機能していることが、今回の調査で裏付けられた」

とはいうものの、家族の生活共同体である「イエ」との関係で成り立ってきた村のお寺は空間的に移ることができず、人の移動で存立基盤が揺らいでいる。仏事を継ぐ人が各地に拡散し、家族のありようが変わってきたのに、地元の人に情報を出すだけで、家族へのアプローチができていないと見る。

「昔は嫁に出したら娘を頼らなかったが、今回の調査で長女を頼りに思っているという回答は多かった。後継ぎは長男と考えていても、家族の関係は近い距離ほど強い。他家に嫁いだ娘が寺院側の視野に入っているだろうか」と徳野氏。近隣の都市部に出た次男たちにも同じことがいえるという。

「古里を離れた人はお墓を持っていないし、自分の宗派も分からず悩んでいる。この問題に業者がお寺より早く対応し、家族葬などをビジネスとして営んでいる。お墓や仏壇の継承の問題もある。作木を離れて暮らす子どもたちが、お寺との関係や仏事をどう考えているかの調査も必要だ」と徳野氏は言う。

一方で、住民は人口が減っても作木に住み続けたいと願っていることも分かった。「お寺に力を発揮してほしい。『地域の象徴』ととらえる人が多いのは、わが村の誇りである表れ。そこに人が集まっていないのが問題だ。お年寄りが集まり、食事をしたり、何でもしゃべったりする場をつくれないか」と提案する。具体的な例として、徳野氏は小規模多機能型の介護施設や、農家レストランなどを挙げる。

「お寺の活性化について地域の現実の中から知恵を出し、可能性を探っていく必要がある。お寺ですべて解決しようとせず、地域の社会福祉法人などと組んだ取り組みも一つの手法だろう」

調査に関わった僧侶や住民、徳野氏への取材を通じ、過疎地の寺院に期待される役割として、作木町を離れた門信徒と古里の架け橋になることや、住民が生き生きと暮らし続けるためのサポートが求められていると感じた。この問題に特効薬はないだろうが、この二点を踏まえたアプローチは、現在の状況を改善していく策の両輪になるといえそうだ。

# 宗勢基本調査による過疎地の危機にもめげない寺々の営み

●光明寺（広島県山県郡北広島町）谷下左近住職
●光源寺（広島県江田島市）海谷真之住職

## 浄土真宗本願寺派宗勢基本調査の衝撃

中国地方の寺院では、山間部や島しょ部を中心に過疎の影響が広がっている。浄土真宗本願寺派による直近の宗勢基本調査では、各寺院の疲弊ぶりがあらためて明らかになった。厳しい逆風下だが、ご法義が特に盛んな広島県西部では、安芸門徒ならではの伝統を絶やすまいと奮闘する住職たちがいる。報恩感謝の心を次世代に——。そうした願いが、僧侶たちの姿ににじんでいる。

同派が、宗門内の全国の寺院を対象におおむね五年おきに実施する宗勢基本調査は、結果を三十二教区別に初めて分析。中国地方を管轄する主な四教区は人口減少に直面し、山陰では運営の厳しさなどから「解散・合併を考えている」と回答した寺院がほぼ三分の一に達した。

地域の人口について「過去十年で減少した」と回答した割合は山陰教区（島根・鳥取県）90・6％、備後教区（広島県東部・岡山県西部）84・4％、山口教区（山口県）82％、安芸教区（広島県西部）67

・5％と、いずれも全国平均の67・2％を上回った。
過去二十年間の門信徒戸数の変化は「減少」「大きく減少」を合わせ、山陰の72％を最大に、四教区とも60％を超えた。山陰では、門信徒数が「十戸未満」が15・8％に上った。寺院運営上の課題では、「門信徒の家の後継者がいない」「門信徒の寺院護持意識が薄れている」などが目立った。

こうした実態を反映してか、「寺院の解散・合併を考えている」お寺は山陰で32・9％、山口23・8％、備後21・3％、安芸16・8％と高い比率だった。

なかでも深刻な山陰では、寺院の平均年収が「五十万円未満」が23・3％で、全国平均の10・4％を大幅に上回った。

寺院活動の収入では「全く生活できない」が43・7％に上り、今後の寺院運営の見通しについても、困難視する回答が77・2％あった。

## 浮上した縁つなぎの実践強化

調査の結果について、山陰教務所（松江市）の中尾了信所長は「この数字の実情は各住職がひしひしと感じていた」と冷静に受け止めた。住職たちが関西方面などの都市部に出向いて、定期的に法要を営んだり、地域を離れた門信徒宅を訪ねたりする取り組みを挙げて、「お寺や組単位で縁つなぎに奮闘していただいている」と寺院側の努力を強調する。

このほか、寺院ごとの団体の活動では、仏教青年会が四教区とも90％以上のお寺にない一方で、仏教

浄土真宗本願寺派宗勢基本調査の結果を説明する藤丸副所長（西本願寺にて）

婦人会は「活動が活発」が安芸65・2％、山口53・6％で、お寺への女性の関わりの深さが浮き彫りになった。

子ども向けの取り組みは、サマースクールや子ども報恩講などの開催が、備後41・3％、安芸35・6％と、全国平均の18・7％を大幅に上回った。

一方、「ホームページやブログの開設予定はない」は、山陰79・9％、山口79・3％、備後73・5％、安芸70・9％で、インターネット活用への意識の低さがうかがえ、こうした取り組みの強化が課題として浮上した。

四教区の中でも比較的安定した結果だった安芸教区の安部恵証教務所長は「教区内で過疎の問題は地域差があり、決して楽観視はできない。安芸門徒の伝統を重んじながら、若い人を意識したネットでの情報発信などにも力を入れていく必要がある」と話す。

## 寺院の役割を改めて考えよう

調査は二〇一五年春、八十九項目を聞く用紙を各寺院に配り、回答を得た。その時点での対象寺院数と回答率は、安芸教区が五百四十六カ寺で64・7％、備後教区が二百六十二カ寺で66％、山陰教区が四百二十三カ寺で68・1％、山口教区が六百三十二カ寺で72・2％。

教区別の分析は二〇一六年十二月初め、各教区から寺院振興対策委員会の約五十人を集めて本山であった連絡協議会の研修会で報告され、共有した。

備後教区組長会代表で法泉寺（広島県三原市）の小島照行住職（六十六歳）も参加し「数字で突き付けられると想像以上の厳しさを感じた」と言い、「寺院間で危機感を共有し、地域のお寺の役割をもう一度議論したい」と気を引き締めていた。

本願寺派総合研究所の藤丸智雄副所長は、「人口移動が進む現代、集落内の枠にとどまっていると、お寺と門信徒の関係は薄れる。寺院側が積極的に各地へ出掛けていくなど、門信徒と接点を持ち続ける努力が今後ますます重要になる」とみる。

過疎問題は、門信徒の高齢化、若者の寺離れと相まって、寺院の運営を年々厳しく追い込む。

そんな時代だからこそ、忘れてはならないのが地域の伝統だ。「安芸門徒」と呼ばれるほど念仏の信仰が盛んな広島県西部では、集落単位で定期的に法要をする「お寄り講」など江戸期からの伝統が今も残る。

若者たちの興味を引くような目新しい取り組みも必要だろうが、寺院再生には、住民の心を長年支え続けてきた宗教力を顧みる、温故知新の姿勢が必要ではないか。

伝統的な営みに学びたい。

江戸時代から集落単位で毎月定期的に開かれている「お寄り講」（北広島町の保余原会館にて）。法話をするのは光明寺の谷下左近住職（右）

## 毎月行われるお寄り講の効果

小雪がちらついた二〇一六年十二月十五日夜、広島県山県《やまがた》郡北広島町の保余原《ほよばら》会館に正信偈が響いた。この日は地元住民が毎月集まって営む「お寄り講」だ。日頃は、住民が踊りやカラオケなどを楽しむ三十畳ほどのスペースに仏壇がある。集落に近い光明寺の谷下左近住職（七十五歳）が招かれ、住民約二十五人とお勤めをした。

続いて法話をした谷下住職は、宗祖親鸞の歩みを紹介し、「浄土真宗の特徴は念仏を声に出す称名念仏。それを自分の耳で聞かせていただく」と強調。「この一年を無事過ごさせていただいたことを喜び、感謝のお念仏を」と説いた。

農家の男性（七十一歳）は「お経を聞くと、気持ちがええ。こうして長生きさせてもろうとるんも仏さんのおかげ。この場でいつも、感謝させてもろうとります」と手を合わせて法話を聞いていた。

お寄り講は、広島県西部でも北広島町や安芸太田町、安芸高田市などの山間部を中心に残り、今も盛んな営みである。葬式などの際にも協力し合う集落単位の「講中」の法要だ。もともとは家々を毎月順番に回る形式だったが、近年は集まりやすい会館型や、回数を減らして営むケースが増えた。

## 私らの代で終わらせられない

保余原地区では、かつてはもっと細かい集落単位にあった講中が、会館に集まって毎月二十五日に営んでいる。年末は宗祖に感謝する報恩講で、日にちを十五日に前倒しする。四十二戸が二戸一組で当番を務め、お寄り講の日は会館の掃除、仏壇に供える仏飯や花を準備する。

この日、担当した男性(六十六歳)は、「日頃、農繁期以外は会うことが少ない。みんなの顔を見ると和む」と笑う。

お寄り講の後はいつも、自治組織である区の常会を開いて、行事などの連絡事項を確認し合う。服部照夫区長(六十九歳)は「宗教的な伝統という側面だけでなく、住民同士のつながりを保つ大切な場。これをなくすと絆も薄れる気がする。私らの代で終わらせられない」と話す。

安芸でお寄り講が盛んなのは、門信徒ごとに師匠寺を持ちながら、居住地にある別の寺で日常的に聴聞する古い習慣に根ざす。保余原でも、参加者の中で光明寺の門信徒は六戸しかない。

光明寺の谷下住職は一九六八年、二十六歳で父・一夢住職を継ぎ、地域とのつきあいに不安を感じながらお寄り講に参り始めたという。今は八つの地域から招かれる。近年は昼も増えてきたが、かつては夜開催が普通で、農繁期は農作業後、風呂や夕食を済ませて住民が当番の家に集まった。終わると午前さまということも珍しくなかった。昭和四十年代までは、女性向けの「お小寄り講」という別の集まりもあった。

「浄土真宗で最も大切なのは相互扶助。冠婚葬祭や溝掃除、道普請……。わしだけよけりゃあええんじゃのうて、対等の立場で助け合って、ご信心をいただき、ともに生きる。その象徴的な営み」と谷下住職。「仏法に詳しいお年寄りがおられてね、私自身も法話を鍛えられた」と懐かしむ。

本願寺派安芸教区の二十五組のうち、お寄り講が盛んな組によると、熱心な門信徒が代替わりして関心が薄れたり、家屋の造りが変わってふすまを外せない家が増えたりし、集会所開催や回数の減少、中止のケースが増えている。

ここ数年、講中による法要の減少を実感しているという圓光寺（安芸高田市向原町）の安部敏孝住職（六十二歳）は、「山間部で念仏が広まったのは、生活の中心である講中による部分が大きい。浄土真宗を地域で残していく上でその役割は今後も大切だ。形が変わっても、続いていってほしい」と願う。

## 毎日行われる常朝事に学ぼう

もう一つ、安芸の地で江戸期から伝わってきた大切な営みがある。三百六十五日、毎朝欠かさず続く、島しょ部特有の「常朝事《じょうあさじ》」だ。

夜が明けて間もない二〇一六年十二月末の午前七時、広島県江田島市《えたじまし》能美町《のうみ》の浄土真宗本願寺派光源寺で本堂軒下にある喚鐘の音が鳴り響いた。常朝事の始まりを告げる合図だ。この日は、冷え込んだ朝にもかかわらず、高齢の門信徒八人が本堂に集まった。

安芸の島で行われる「常朝事」（右は光源寺の海谷真之住職）

海谷真之住職（四十三歳）と門信徒が口をそろえて讃仏偈と正信偈を唱えた。続く法話で、海谷住職は『歎異抄』にある「煩悩具足の凡夫」に触れ、「人は他人からよく見られようと思い、自らの姿を見失っている」と指摘。「阿弥陀様の光に照らされると、自らの負の部分に気付かせていただける。ありのままの私を包んでくださる仏様に感謝し、南無阿弥陀仏を申しながら人生を歩ませていただきましょう」と説いた。

近年の参加者は十人前後と、かつてに比べて少なくなったが、門信徒はそれぞれに思いを抱き、義務感でなく自然と足をお寺に向ける。

「毎朝はえらいが、ここでお経を唱え、阿弥陀さんの話を聞くと安心できる。悪い心が穏やかになるようじゃ」と、地元の船員男性（七十七歳）。

二〇一五年秋に夫を亡くした後、常朝事に通い始めた女性（八十二歳）は「主人にもう一度会いたいなと思い、参らせてもらいよります」と手を合わす。

広島市中区の病院に入院し本堂に行けない門信徒は、常朝事と同じ時間に病棟でお勤めを続けているといい、大切な生活の一部になっている。かつて通っていた熱心な門信徒は《寺参り　怠けて損をしたような　寒く冷えゆく　薄日さす午後》と詠んだ歌をお寺に残している。

海谷住職は「ご門徒と毎朝会うのが楽しみ。家族のようなもので、顔を見んかったら心配になる」と言う。二〇一一年に住職を継いでから、お寺を朝空けるのは、他寺の法要で講師に招かれるなどした際だけで、留守のときは坊守の妻・真貴子さん（三十九歳）が代わりを務める。

光源寺の常朝事は、十二月から翌年二月までが午前七時、六～八月は六時、それ以外は六時半からと決まっている。年忌法要を迎える門信徒は、その当日から続けて三日間参る習慣があり、乳幼児を連れた若い門信徒も見られるという。

## 仏教に裏付けられた土徳あり

常朝事の歴史に詳しい海谷住職の父で前住職の則之師（七十三歳）によると、この常朝事の伝統は、江戸期に現在の広島県呉市で「石泉塾」を開いた同派の学僧、石泉僧叡に由来する。朝の勤行を怠らないよう説いた師の教えを継いだ門弟たちが、各地の自坊で広めたとみられる。

こうした、門信徒も参加する毎朝の法要は、時代とともに減ったが、江田島など島しょ部のお寺を中心に今も残っている。

宮崎県のお寺から光源寺に入った則之師は、「安芸の地での信仰心の強さに感動した」と約四十五年前を振り返る。常朝事の始まる一時間前に起き、門を開け、境内を掃除して門信徒を迎える――。

このような習慣も、お寺では代々引き継がれている。

「毎朝教えを説いている身として、自分自身の生活でも法話との『言行一致』を心掛けてきた」と則之前住職。「この営みは住職だけで勤まってきたわけではない。常朝事では、坊守も門信徒の相談相手になる大切な役回りがある」と話す。

光源寺を含め、安芸教区の佐伯沖組に属する十一カ寺ではいずれも、常朝事が脈々と受け継がれている。組長で品覚寺の板垣慈潤住職（六十歳）は「島しょ部では、過疎化が進んできているだけに、互いのつながりを保つ上でも大切な営み。一度やめると再開は難しい。住職、門信徒が手を取り合って灯を消さないよう引き継いでいきたい」と誓う。

こうして脈々と受け継がれてきた営みは、安芸門徒の誇り。感謝と自己反省を繰り返す熱心な門信徒の姿は、われわれの忘れかけた大切な心を現代人に向けて問いかけている。それが仏教に裏付けられた土徳。日常生活の中で人々の心に寄り添い、心のありようを説き続けていくことこそが、地域のお寺が必要とされる原点といえるのではなかろうか。

# 仏教の活性化と過疎地の可能性

# いかに過疎地となろうと生き方を学ぶ場は求められている

●一般財団法人東広島社会福祉会「法話会」(広島県東広島市)
●「啐啄塾」(島根県江津市ほか)
●「聞光の会」(広島県都市部)
●「甘露の会」(広島県、島根県、山口県)

寺という枠組みを超えて、仏教の教えなどを学び合う僧侶や門信徒たちの取り組みが、広島、島根両県で進んでいる。市民有志が宗教法人の支援を受けない任意の勉強会を設けたり、共通の師の教えを広めようと同窓の僧侶たちが学びの場を長年切り盛りしたりする。山間部では、企業経営者が、寺のない郷里に設けた聞法の場も定着している。

## 大勢が仏法に触れられる場を

東広島市志和町の一般財団法人東広島社会福祉会は、地元の浄土真宗本願寺派志和組(十三カ寺)の住職たちを講師に招き、法話会を三十年間続けてきた。化学工業薬品など、製造・販売の三國製薬工業(大阪府豊中市)の創業者が、出身地の志和町椛坂《かぶさか》地区にお寺がないことを案じ、地域貢献の一環で始

東広島社会福祉会の300回目の法話会でお勤めをする志和組の僧侶たち

めた。百人を超える熱心な念仏者が毎回、仏法への学びを深めている。

三百回目となった二〇一四年十一月、同社が建設し所有する老人福祉センターに、約百六十人が集まった。この日の講師は長松寺の笠岡潤聖副住職（三十九歳）でテーマは浄土真宗の宗祖親鸞が残した正像末和讃。「悪性さらにやめがたし（自身の悪性を全くなくすことができず）」で始まる九十六首目を中心に、日常生活とも関連付けた解説を聞いた。

笠岡副住職は「私たちはいい行をしても、怒りやむさぼりなどの煩悩がじゃまをし、結局は自分を守ろうとする」として、「地位や金でなく、生かしてもらっていることをありがたいと感じられるようになれば、心の安心が得られ、道が定まってくる。念仏を申し、感謝と反省の心を持とう」と参加者に語りかけた。

この日は三百回の記念式典もあった。志和組の僧侶九人が讃仏偈などを仏前で勤め、浄土真宗本願寺派の宗門校である広島音楽高等学校の生徒七人が管楽器などを演奏した。

財団は、同社の創立三十周年の一九七七年、創業者の國貞忠夫さん（一九九三年に八十三歳で死去）が基金と運営資金計五千万円を出して設立した。会社は、財団が住民五人から寄贈を受けた約九千平方メートルの土地に老人福祉センターを建設。法話会は一九八五年一月に始まった。周囲を山々に囲まれている敷地内には宗祖親鸞の像も立つ。

法話会は農繁期の五月と九月を休み、年十回行われる。四月の花まつりは、参加者が今も二百人を超え、住民がばら寿司や豚汁を振る舞うなどし、ひときわにぎわう。八月には、長年お参りした故人の追悼法要も営んでいる。

志和組の組長で西蓮寺の西浦憲雄住職（四十七歳）は「財団と住民が協力し、雰囲気がいい。〝寺と門信徒〟の垣根を越えて大勢が仏法に触れられる場」と縁の広がりを喜ぶ。

教えに触れながら地元で二十五歳ごろまでを過ごした國貞さんは社業を発展させる傍ら、清水寺（京都市）や薬師寺（奈良市）、西国霊場の壷阪寺（奈良県高市郡高取町）など浄土真宗以外の名高い寺の僧侶とも親交があった。

当初から法話会に関わる西方寺の安国真雄住職（七十二歳）は「國貞さんには浄土真宗の土徳の中で育った大切な心があった」と言う。財団は、東広島市内の交通遺児への奨学金支給などの福祉活動も合わせて続けており、「学んだ教えを学問にとどめず、行動で表す姿勢はまさに御恩報謝」と強調する。

法話会の初期から参加している地元の農家の女性（八十五歳）は毎回十五分ほど歩いて訪れる。「椛坂にはお寺がなく、遠いとお参りできない。法話を聞き、いつも感謝の気持ちを教わっている。ありがたい」と手を合わす。

法話会では毎回、休憩時間に菓子が配られる。参加者が自宅に帰り、子や孫と菓子を食べながら、聞いた教えを分かち合い、広めてほしいとの願いからだ。

國貞さんは生前、会があるときは必ず大阪から帰郷した。同社専務で財団三代目理事長の國貞照夫さん（六十八歳、豊中市）も伯父に倣い、生まれ育った椛坂に帰る。感動した法話は会社の朝会で社員にも伝えられる。「相手があって自分がある。私自身も『おかげさま』の心をいつも胸に刻ませてもらっている。四百回、五百回と続けたい」と話している。

## お互いを刺激し高めあう場に

島根県では、江津《ごうつ》市と近郊の若手僧侶や市民が、仏教やまちづくり、仕事などの幅広いテーマで現況や思いを発表し合う「啐啄《そったく》塾」を不定期で開く。参加者は三十〜四十代の若い世代が中心。毎回の発表者の生き方や考え方に触れて互いを刺激し、高め合う場になっている。

平日の夜、江津市波積《はづみ》町北の浄土真宗本願寺派光善寺に、僧侶や公務員たちが集まる。この日は八人が参加し、同寺の波北顕住職（四十五歳）の発表を聞いた。

波北住職は、父の彰真さんが一九七四年から、六十六歳で病死した二〇〇三年まで地元の中学生に送り続けた「はがき通信」をテーマに話した。このはがきは、彰真さんが毎月初め、生きる姿勢や、心の糧になる言葉を書き、多感な生徒に宛てた。最後は三百五十二号。費用も自ら負担した。地域外の子にも要望があれば送り、終盤は月約八百通に及んだ。

はがき通信は彰真さんの死後、中断している。現在では、対象の中学生の住所が分からず、郵送による再開は難しいという。波北住職は「現代の中学生も、さまざまな問題を抱えている。子どもたちが健やかに育っていけるよう、私たちに何ができるだろうか」と投げかけた。

参加者は発表を聞きながら、ファイルにとじてあるはがきを見つめた。《あなたが笑顔でむかうなら相手も笑顔でこたえるでしょう　あなたが怒ってむかうなら　相手も怒ってこたえるでしょう》などの言葉にうなずきながらめくった。

この日は、はがき通信をかつて受け取っていた参加者もいた。

「自分たちを思ってくれる人がいて、ありがたかった」「子どもたちに分かりやすい言葉で書かれ、心にすっと入ってくる」などの意見が出ていた。

波北住職は「はがき通信は、受け取った人の心に今も息づいている。発表を通じて振り返ることができ、自分でも『やろう』という気持ちが湧いてきた」と話す。ブログを使うなどし、自分なりの視点で父親の取り組みを引き継ごうと模索している。

啐啄塾は、波北住職が龍谷大学大学院に在学中、学生たちが学び合う「三仏寺の会」に参加していたのがきっかけだ。二〇〇四年四月から寺の仕事に専念するようになり、同様のサロン風の場を郷里でも設けようと二〇一二年二月に始めた。

「啐啄」は禅語の「啐啄同時」が由来。ひなと親鳥が内と外から殻を割る関係に倣い、地域の先輩や住民たちに学ぼうという思いからだった。

当初は、江津市の若い僧侶たち五人でスタートしたが、今は市職員や美術館の学芸員など多彩な顔ぶれが加わる。参加者の寺で不定期で開き、十人余りのメンバーが都合のいいときに出てくる。午後七～九時と決めているが、十一時ごろまで話し込むことも多い。

波北顕住職らが催す「啐啄塾」は自由に意見を交わし合う

過去の発表テーマは、人々が寺を訪ねやすくする工夫、仏教心理学、田舎暮らしの楽しさ、地域公民館の現状や課題など幅広い。各回の発表者が自由に決める。俳句を詠んだり、腕輪念珠を作ったりした回もあった。必ずしも答えは出ない。

二〇一三年七月から参加している江津市職員の女性（四十歳）は、「味のある人が多い。仏教の教えや生き生きした趣味の話を聞くと、人生を大切に生きたいと思えるようになった。何もない自分へ刺激を与えに来ている」とほほ笑む。

浄土真宗本願寺派浄妙寺（江津市）の副住職で、福祉施設職員の嘉戸慎吾さん（三十八歳）は当初からのメンバー。「啐啄塾は、今のままでいいと思っている自分を奮い立たせる自己啓発の場。

いろんな考え方を聞いてためていけば、自分の人生の糧になる」と話す。

## 口コミで和やかに輪が広がる

広島県の都市部では、浄土真宗の宗祖親鸞の教えを学ぶ一般市民の勉強会「聞光の会」が、十年の歴史を刻む。浄土真宗本願寺派中央仏教学院（京都市右京区）通信教育の卒業生たちが、広島市中区の本願寺広島別院で二カ月に一回開き、これまでは正信偈を学んできた。

講師は、浄土真宗や仏教の教えを説く私塾「真宗学寮」（広島市西区）の岡本法治教授（六十歳）が務める。五十七回目だった二〇一五年二月半ばは、二〇一三年四月から十二回続けたシリーズ「『正信偈』に遇う慶び」の最終回。岡本教授は約五十人を前に「一つの乗り物で、みんなが分け隔てなくお浄土に生まれていく道が正信偈に説かれている」と解説した。

「命はつながり、平等で分け隔てない。だが、一人一人が深い迷いを抱えて生きていて、それが見えない」と岡本教授。「一人の幸せなんてどこにもない。人は、自分さえよければいいという思いを持ちながら、相手が喜んでくれると思うときに仕事でも何でも頑張れる。そんな矛盾した存在だから、いろんな出遇いが楽しい」と説いた。参加者は、こうした教えを自らの生き方と照らしながら、心のありようをそれぞれに見つめ直している。

七年前に妻を病気で亡くし、仏教について学び始めた廿日市市の無職男性（七十二歳）は二年前から参加する。正信偈を「人生訓」と思うようになった。「自分の考えが通らないと腹立たしく感じること

真宗学寮の岡本法治教授（左）の法話を熱心に聞く「聞光の会」参加者たち

もあったが、自我を離れ、違う考え方を認められるようになった」という。

鳥取県琴浦町の農業男性（七十二歳）は、車で片道約五時間かけて広島まで毎回訪れる。「あれがほしいとか、これは嫌いとか、私は自分勝手。ここに来ると、人とつながって生きる大切さに気付かされる。帰るとまた悩み、再び聞く。その繰り返しが私の生きる糧です」と聞法の意味をかみしめる。

聞光の会は、中央仏教学院通信教育のかつての同期生が発足させた勉強会を前身としてできた。人数が減って勉強会は解散し、途中から参加していた有志五人が世話人となって、二〇〇五年十月に聞光の会としてスタートさせた。勉強会当時から講師をしていた岡本教授を招いて、偶数月に年六回開いている。

聞光の会という名前は、阿弥陀如来のはたらきを聞き信じる意味。浄土和讃にある「聞光力」から名付けたという。

二〇一五年二月まで世話人を務めた広島市西区の主婦、窪寺圭子さん（七十二歳）は、

「私は、親鸞聖人が正信偈をなぜ残し何を言いたかったのかを知り

たかった」と振り返る。

十年間の学びを通じ、「ありのままの今の自分を受け入れ自然体で生きていく大切さを宗祖は教えたんじゃないか」と自分なりに正信偈を受け止める。

会は、お寺などの宗教法人の支援を受けない任意の会で会費制。当初は、参加者も五～十人と少なく、世話人が運営費を負担し合った。口コミで輪が広がった今は、四十～九十代の幅広い人が参加し、多いときには七十人を超えるようになった。世話人代表で僧侶の吉元敬三さん（七十歳、広島市安佐南区）は「受講生同士が疑問などを話し合える和やかな雰囲気が特色。親鸞聖人の教えを知識にとどめず、生活に生かせる場として続けていきたい」と話している。

## 仏の心に出遇う信心の体験へ

僧侶や門信徒のグループ「甘露の会」は、元龍谷大学長の信楽峻麿《たかまろ》師（一九二六―二〇一四）から浄土真宗の教えを学んできた。二〇一四年九月に信楽師が八十八歳で亡くなってから活動を一時休んでいたが、二〇一五年五月に広島市内で八カ月ぶりに例会を再開した。今後は、信楽師の教え子の僧侶たちが交代で講師を務め、新たな形で仏教の学びを深めようとしている。

甘露の会は龍谷大学の信楽ゼミで学んだ僧侶たちが発起人となり、一九八九年に「広島真宗研究会」として発足した。江戸中期、安芸の国で浄土真宗を広めた僧・慧雲の私塾「甘露社」に倣い、念仏者を育てるため、甘露の会と名前を改めた。

元龍谷大学長の信楽峻麿師の教えをもとにして再出発した「甘露の会」

信楽師最後の講義は二〇一四年六月で、それまでの例会は二十五年間にわたって計百三十七回を数えた。多いときは約二百五十人が参加。晩年は京都で過ごすことが多かった信楽師も、例会のたび帰郷し、講師として毎回、教えを説いた。厳しい暮らしの中でも、苦難をそのまま引き受けて自立して歩む生き方を「めざめ体験」として重視した信楽師。参加者はその教えや生き方を胸に刻み続けてきた。

活動再開後、初めての例会は広島市西区の区民文化センターであり、広島、島根、山口県から約五十人が参加。十年前にテレビ出演した信楽師の映像を約一時間見た。

信楽師は、映像を通じ「今をどう生きているかが、死（という苦しみ）を解決する方法」と指摘。「いつ死んでも前向きに死ねるか。仏教は、道を一歩ずつ前に進む確かな足腰を身に付けていくことを教えている」と、さまざまな困難を乗り越えていく意味を説いた。

続いて意見交換した参加者からは、

「先生は、自分たちの生きざまそのものが信心の証しだと説かれた。生き方を見つめ確かめながら暮らしたい」「困難な道でも、腑《ふ》に落ちるまで自分で歩いてみようと思う」などの声が上がった。

本願寺派門信徒で四、五年前から参加している広島市西区の男性（七十五歳）は、「生老病死は人生につきもの。信楽先生から真実の念仏を教わり、生きていく足腰を鍛えていただいた。良き師に出会え、感謝している」と思い起こす。

甘露の会の世話人代表で、浄土真宗本願寺派法光寺（広島市南区）の簗田哲雄住職（七十歳）は、信楽師が最後まで強調し続けた「信心は体験」という教えを今もかみしめる。「親鸞聖人の教えが、親の恩、悲しみ、苦しみなどを通して体験としてふに落ちたら人はめざめ、生き方が変わる。体験を伴う真実の念仏こそ、仏の心に出遇う唯一の道」とし、「私たちが先生の教えを引き継ぎ、広く伝えていきたい」と決意を新たにする。

# 僧侶や坊守の五感に訴える営みが参詣者を増やしている

●女声合唱団「ボーモリーズ」(広島県・岡山県)
●雅楽「広島雅楽会」(広島県)
●音楽バンド「ザ・スペシャル坊ズ」(島根県)
●徳応寺(広島県広島市)藤丹青住職「鈴虫の夕べ」

講演スタイルの法話などを通じて教えを説くだけが仏法の伝道ではない。音楽や虫の音などから、人々の五感に訴える動きが、中国地方の寺院などで広がっている。

広島県東部・岡山県西部の浄土真宗本願寺派備後教区の坊守約三十人でつくる女声合唱団「ボーモリーズ」は、仏教讃歌を各地の公演で披露する。

《♪生かされて　生きてきた　生かされて　生きている――》。本願寺備後教堂(福山市東町)での練習会で『生きる』を歌う澄んだ声が本堂を包んだ。専光寺(広島県福山市)の坊守で、オペラ歌手の藤井文子さん(六十六歳)が指揮をしながら「仏教讃歌らしく優しく穏やかな顔で」「歌詞をもっと味わって」とメンバーに声を掛けた。

金蔵寺(広島県神石《じんせき》郡神石高原町)の杉原仁美さん(四十歳)は子育てが一段落し、二〇一四年春にメンバーに加わった。大学時代に合唱をしていて歌は大好きだ。「特に『生きる』の歌詞がいい。自分が、支えられ助けられて生きていることを実感できる」とほほ笑む。

二〇一四年春に結婚し、銀行員から福山市の正善寺に入った、若坊守の藤井芳子さん（三十歳）も同じころから参加。「お経は難しいが、寺と縁の浅かった私にも仏教讃歌はなじみやすい。心にすっと入ってくる」と楽しむ。

ボーモリーズは、深津組の寺族婦人会が教区内の坊守に呼び掛け、二〇〇〇年に発足。備後教堂で毎月一回練習する。当初は約四十五人いたが、高齢で入れ替わり、今は二十～七十代の約三十人。福山市内を中心に尾道、三次《みよし》市などから集う。練習後は、坊守同士が悩みを自由に語り合う。

備後教区寺族婦人会連盟の総会、各地の花まつりなどに出演し、依頼されて老人福祉施設で出張公演することもある。

## 坊守約三十人の合唱団の反響

歌う前は必ず、ボーモリーズ代表で光行寺（福山市）の苅屋光子さん（六十六歳）が曲について解説しており、仏教讃歌は明治初期以降で千曲以上あるとされることや、それぞれ人との絆、優しさ、命の尊さなどを表していることなどをやさしく説いている。

「悩みを抱える人を救おうとする仏様の願いを分かりやすく伝えたい」と苅屋さん。「できる人、いい人、格好いい人と、現代人は理想像のよろいを自分で着込んで苦しんでいます。仏様は『そのままの

備後教区の坊守約30人の合唱団「ボーモリーズ」の月１回の練習模様

あなたでいいよ』と寄り添ってくださっている」と話す。

大半のメンバーは、練習成果を自坊に持ち帰り、各寺のコーラスサークルなどで門信徒たちに教えているそうだ。各寺の報恩講などでも門信徒に指導して一緒に歌い、経文とは別に、歌うことから教えを広めている。

たとえば、副代表で正福寺（福山市）の広田恵子さん（七十一歳）は自坊で六年前、サークル「コールようこそ」をつくり、約十五人が寺に月一回集まる。歌は苦手な人も、聴くのを楽しみに参加する。

ボーモリーズは二〇一四年十月、「仏さまを讃える大合唱　備後のつどい」を福山市内で初めて開き、他のコーラスグループ十一団体、約百三十人と共演。愛媛県松山市からも坊守合唱グループがゲスト参加した。仏教讃歌のつどいは、二〇一五年十月に二回目があり、参加者は約百六十人と前年を上回った。苅屋さんは「仏教讃歌を歌えば心が安らぎ、仏様の心をいただける。ただ歌うサークルでなく、坊守らしく仏教讃歌の心をかみしめ味わう活動として輪を広げていきたい」と願う。

## 僧侶の雅楽会四十年の教化力

浄土真宗本願寺派（本山・西本願寺、京都市下京区）で雅楽を学んだ安芸教区の僧侶らは「広島雅楽会」を結成して活動し、二〇一五年で四十周年を迎えた。広島県内の寺院の法要などに招かれ、仏前を厳かな音色で彩る。雅楽の演奏で異なる楽器や音階が響き合うように、人と人とが心を通い合わせる大切さも、聴く側に伝えている。

雅楽会は、二〇一五年五月の大型連休に行われた西光寺（呉市）での住職の継職法要に招かれた。黒衣姿の会員九人が、縦に連なる約二百五十人の稚児行列に加わって、笙《しょう》、縦笛の篳篥《ひちりき》、横笛の龍笛《りゅうてき》で楽曲「行道楽《ぎょうどうらく》」を奏でた。西光寺本堂で営まれた法要でも、外陣の最前列に並んで「合歓塩《がっかえん》」などを演奏した。

法要でお経を唱え、雅楽を奏でる僧侶は讃嘆衆と呼ばれる。篳篥を担当した雅楽会事務局長で、称名寺（広島市安佐北区）の村上尚住職（三十八歳）は大役を終え、「雅楽は仏様への音楽のお供え。お寺にとって大切な法要にこうして呼んでもらえて、とてもありがたい」と話す。

この日の継職法要に臨んだ西光寺十九代目の藤瀬和亮住職（三十歳）は、二〇〇五年に五十一歳で病死した父の弘樹住職から同寺を継いで十年になる。父の代から雅楽会の会員で、いつもは父の使っていた形見の笙で、法要に出向いている。「雅楽があることで法要が荘厳な雰囲気になり、温かみも添えてもらえた」と喜んだ。

安芸教区僧侶の「広島雅楽会」は寺院行事に彩りを添える

会員の僧侶たちは、お勤めや雅楽など、法要や仏事での正しい作法を教わる本願寺派の勤式指導所を修了して、いずれも特別法務員の資格をとっている。二十〜六十代の男女約九十人が所属する。毎月二回、合同で練習し、寺院の慶事や葬儀への参加のほか、小学校での公演に招かれることもある。

広島雅楽会の結成は一九七五年秋。初代会長を務めた実相寺（広島市中区）の相唯信前住職（六十八歳）が、県内在住の勤式指導所出身者に呼び掛け、五人でスタートした。当時は、県内に門信徒でつくる雅楽の会はあったが、僧侶による雅楽グループは中国地方でも珍しかった。

宗祖親鸞の残した浄土和讃には「清風宝樹をふくときは　いつつの音声《おんじょう》いだしつつ　宮商和《きょうしょうわ》して自然《じねん》なり　清浄勲《しょうじょうくん》を礼《らい》すべし」とある。ここに、浄土真宗での雅楽の味わいが込められているという。「宮」「商」というぶつかり合う音階も、極楽浄土では自然に響き合い、すばらしい和音を奏でるとの意味だ。

「雅楽の音色を通して仏様の声を聞いていく姿勢が大事。自分の意見が正しいと押しつけるのではなく、相手を受け入れる共鳴共感の心を持とう」と相前住職。

「われわれ僧侶の側も、演奏の力量をただ披露するのでなく、謙虚な姿勢で仏様の心を感じたい」と強調する。

四十年の歴史を重ね、親子の会員も十組が育っている。相前住職も、長男で現住職の正信さん（四十歳）とともに会員に名を連ねる。幼少期から身近に雅楽と親しんだ正信住職は、父と同じ笙を担当する。「笙の音色は天から降り注いでいるようです。阿弥陀様の光に包まれている感じがします」と話す。

二〇一五年四月下旬に広島市中区で開いた広島雅楽会四十周年記念の演奏会には、約千四百人が詰めかけて会場は満席だった。

広島雅楽会会長で、勝龍寺（広島県山県《やまがた》郡北広島町）の吉川俊成住職（四十二歳）は、「雅楽の音色や読経の優しい響きから、仏様の心を感じてもらうため、先輩から教わった心を後輩にも伝えていきたい」と意気込んでいる。

## 本堂で僧侶バンドの大ヒット

伝統音楽だけでなく、現代音楽を取り入れる動きも目立っている。

浄土真宗本願寺派の島根県内の若手僧侶六人でつくる音楽バンド「ザ・スペシャル坊ズ」がその一つである。各地のお寺などに招かれてライブを開いている。曲間に法話を挟む独特のスタイルが受けている。音楽を通して本堂全体に一体感が生まれ、聴聞に来た人たちはボーカルが話す法話に自然と引き込まれる。日頃はお寺と縁遠い若者たちの心もつかみ、仏縁を広げている。

寺院ライブで大喝采の「ザ・スペシャル坊ズ」は僧侶６人編成のバンド

同バンドのメンバー全員が二〇一五年六月下旬、浄土真宗本願寺派浄土寺（島根県邑智郡美郷町《おおちぐんみさと》）のイベント「感じるお寺　音楽と聞法の集い」に出演。ギターやベース、ドラムなどで、ジャマイカで発祥してポピュラーになった音楽「スカ」を本堂で奏でた。約百人の聴衆は、その独特のリズムに合わせて思わず体を揺らしたり跳びはねたり、体全体でライブを楽しんでいた。

曲間に、ボーカルで妙寿寺（島根県鹿足郡《かのあし》津和野町）の村上元住職（四十三歳）は「皆さんは孤独を感じたことはありませんか」と会場に問い掛けた。

「僕も空虚な時代があった。苦しんだり嘆いたり、悲しんだりするのは人間らしい。そんな自分たちを認めてくれるのが仏教でした。たった今を味わい、大切に生きよう」と説いた。

この日は、アンコールを含む十曲を演奏。曲目は仏教と関係ないが、村上住職と客席が「南無阿弥陀仏」を交互に唱え合うコール・アンド・レスポンスを繰り返す曲もあり、参加者は音楽を通して念仏に触れていた。浄土寺のイベントは、幅広い世代が寺院に参る機会にと企画したもので、同寺のコーラス隊と、地元の社会人ブラスバンドも出演した。

浄土寺の門信徒で、土木業の男性（七十六歳）は「最初は、見た目でこれがお坊さんかと驚いたが、若い人を包み込んでいる雰囲気はとてもよかった。今を生きる大切さなどが歌を通して伝わり、私たちの世代にも響く教えです」と楽しんでいた。

ブラスバンドのメンバーとして参加した、美郷町の保育士女性（二十六歳）は「お寺は厳粛なイメージのため身構えてしまうが、音楽の流れの中での法話は気が楽。普段の自分と照らし、力を抜いて聞けた。悩みがあると悪く考えがちだが、気持ちが前向きになれました」と仏法を味わったようだ。

ザ・スペシャル坊ズは三十～四十代のメンバーで五年前に結成された。キーボード、トランペットを担当する光善寺（島根県江津市）の波北顕住職（四十五歳）と村上住職が、ともにスカ好きだった縁で意気投合し宗派内の僧侶に呼び掛けた。練習は月一回。二〇一一年二月からライブ活動を始め、県内のお寺や美術館などに招かれて年四、五回、スカを演奏する。

といっても、この営みは、もともと、仏法を伝えようと思って始めた活動ではないという。布教使として各地で法話をしている村上住職が曲間のトークで自然に仏教の話をするようになり、今のスタイルが定着した。話は事前には何も準備しないという。お寺や聴衆の雰囲気を見て、その場で決めるそうだ。

「単純に仏様の話をして伝えられる力量があればいいが、僕はまだまだ到達できていないから」と村上住職。「お念仏でも分かるとおり、お経はリズムに乗せて伝えられてきた。僕が歌の延長でリラックスしてしゃべるから、聞いている側にも話がすっと入りやすいんでしょう」と、ライブでの法話の意義を

虫の声に仏教を感じさせる徳応寺で行われる「鈴虫の夕べ」の法要

かみしめている。

リーダーを務める波北住職は「本堂でのライブは、僧侶である僕たちが演奏するのに安心感がある。お寺とご縁のない人たちが仏教について聞くきっかけになればありがたい」と願う。

## お寺の「鈴虫の夕べ」の仏縁力

五感に訴える取り組みは音楽に限らない。

虫の音に命を感じながら、参加者が自分自身と向きあう空間を創り出すお寺もある。広島市中区の浄土真宗本願寺派徳応寺による「鈴虫の夕べ」だ。境内の電気を消してろうそくを灯《とも》し、スズムシの鳴き声で秋の雰囲気を醸す。毎年秋の恒例行事として根付き、二〇一五年で十二回目。「命」を感じてもらう詩の朗読や法話もあり、門信徒や住民は気ぜわしい日常を離れて、静かな空間に身を置きながら自分自身の生き方を見つめ直すという。

「心の癒やしや、命の輝きを感じてほしい」。同寺の藤丹青《ふじたんせい》住職（六十六歳）は二〇一五年九月の夜、消灯した本堂で参拝者約七十人に優しく語りかけた。五分ほどの短い法話の中で「仏様の呼び声が私たちに溶け込み、自分を包む無限の命に気付かされれば、今を楽に生きられる」と教えを説いた。

法話を前に、同寺僧侶の藤慈真師（三十五歳）が宗祖親鸞の和讃などをお勤めした。命を慈しむ心を感じてもらおうと、「私と小鳥と鈴と」「星とたんぽぽ」「お魚」など、童謡詩人金子みすゞの作品八編の朗読もあった。本堂の一角には、ススキを生けて仮設の茶席も用意された。

飼育ケースに入れたスズムシ二百匹以上が鳴き声を響かせた境内。徳応寺は寺町の一角にあり、秋の音色に誘われた通行人たちが立ち寄り、にぎわった。参道や墓地の周囲も、ガラスケースなどで覆ったろうそくで明かりが灯され、光と闇の空間を創り出した。参拝者は、境内の散歩を楽しんだり、納骨堂の阿弥陀如来像に焼香して手を合わせたりしていた。

徳応寺の門信徒として家族四人で参加した高校一年の女生徒（十五歳）は「いつもお参りするお寺の雰囲気と違い、幻想的。暗闇の中の光、スズムシの音色は心が落ち着く」と話し、「普段は学校の行事などでドタバタしているが、当たり前の暮らしが幸せなんだなと思えた」とほほ笑んだ。

この鈴虫の夕べは二〇〇三年から続けている。市街地のお寺として、広い空間を利用して教えを肌で感じてもらえる行事をと、藤住職が門信徒らと相談し始めた。

「ストレスの多い都会暮らしの中で静かに自分を振り返ってもらう場にしたかった」と藤住職。本堂改修で開催できなかった四年前を除き、毎年実施してきた。

会場準備、茶席の接待などの運営や片付けは、同寺と門信徒約三十人が手分けしている。スズムシは門信徒方や同寺でふ化させ、当日参加した中に希望者がいれば、虫かごに入れてプレゼントもしている。

「都会の喧噪から離れて、落ち着いた時間を味わっていただいているのではないか」。当初から携わる門信徒の男性（六十七歳）は、受付で参拝者を笑顔で迎えていた。「感じ方は十人十色。帰り際の和やかな表情を見ると、こちらの方もうれしくなる。ご縁を大切にしたい」と触れ合いを楽しむ。

藤住職は「夕べを毎年心待ちにしてくれている人もいる。命のありようを現代の人たちに伝えるのが私たち僧侶の使命だと思う。いろんな世代がお寺へ来て、仏縁に遇うきっかけとして、今後も続けていきたい」と話す。

# 次代を担う若手僧侶の活動に過疎を好転させる力がある

●「讃嘆舎」(広島県、島根県、山口県)
●「アサカラザル」(広島県)
●「広島青年僧侶春秋会」(広島県西部)
●「真宗合同布教大会」



## 青年布教使の学びの場として

中国地方の若手僧侶が、仏法を説く力量を磨きながら、多彩な手法で伝道活動に励んでいる。本堂で門信徒と向き合って話す従来型の法話に加えて、音楽、詩の朗読、漫才と布教の幅を広げている。ベテラン僧侶や高齢の門信徒たちも、これまで寺と縁遠かった世代に仏法を広める意味で期待を寄せる。

広島県、島根県、山口県などの浄土真宗本願寺派の若手僧侶たちでつくる「讃嘆舎」は、会員の自坊の法座や例会に講師として招き合い、布教の力を高める学びを深めている。名高いベテラン布教使に比べて法座の出番が少ない若手にとって、貴重な実践と経験の場。法座の後はいつも、その日の様子を互いに批評し、鍛錬を積んできた。

若手僧侶たちが研鑽し合っている「讃嘆舎」による法話

広島市安佐北区にある圓正寺の久留島法暁副住職（四十一歳）と、教得寺（東広島市）僧侶の加藤広慶師（三十一歳）は二〇一五年九月下旬、東区の西善寺の秋彼岸会法座で、門信徒たち約二十人を前に法話をした。西善寺僧侶の多田浩司師（三十九歳）が讃嘆舎に入っているつながりで招かれた。

久留島副住職は「私たちは生死の苦海に沈んでいく身だが、阿弥陀様の願いの船に乗せていただいて安心できる」とし、「信心とは疑いのない心。阿弥陀様のご本願は、そのまま聞かせていただくもの」と説いた。加藤師は「お浄土へ歩む道は阿弥陀様が一緒。決して一人じゃない。生まれたばかりの赤ちゃんが、初めての家に病院から母親と帰るように不安がない」と話した。

聴聞が大好きな西善寺の門信徒女性（七十七歳）は、「法話を聞くと気持ちがよく心が落ち着く。年配の布教使さんの法話は味があるが、若い方も表現が分かりやすくていいのでは」と喜んでいた。

約三十分ずつの法話の後は控室での反省会。多田師が、話す速さや語尾の言い回し、表現の優しさ、目線などの気付きを二人に伝えた。自らも布教使の多田師は、「私たちは寺に招かれると、『ご講師』『先生』といわれ、指摘を受けることがない。こうして生の感想を言い合うことがとても有意義」と、反省会を大切にしている。

讃嘆舎は、代表を務める光乗寺（広島市佐伯区）の渡邊幸司住職（四十五歳）が二〇〇五年、青年布教使の学び合いの場にしたいと仲間に呼びかけて発足。阿弥陀如来の徳をたたえる立場から、宗祖親鸞の浄土和讃などにある「讃嘆」という語を引用し、名付けた。約二十人でスタートし、現在は会員が二十～四十代の四十二人に増えた。

運営の仕組みは、会員の自坊で予定される約四十件の法座を年度初めにリストアップし、誰が担当するかを計画する。全会員が平均年二回出向く。年二回の合同勉強会では浄土真宗の教義を解説した「安心論題」について学び、この中から讃嘆舎側で講師のテーマを決めてから割り振る。

日頃の寺院活動で法話に招かれることが少ない若手僧侶を、会員以外の寺などに派遣することもある。希望を募るため、会員のプロフィールや自己PRを書いた名簿冊子を作っている。

讃嘆舎十周年を記念し、二〇一五年十月には記念の布教大会を本願寺広島別院（広島市中区）で開き、メンバー八人が二十分ずつ法話した。

「私自身、仏様のまなざしの中で生かさせていただいていると思うと、心がほっこりする」と渡邊住職。讃嘆舎は四十五歳で卒業のため、二〇一六年の春に巣立つ。「いいお話をするには学びが必要。先輩、後輩、友だちという枠を超えて刺激をもらえ、とても励みになる」と話していた。

若手僧侶８人の「アサカラザル」はバンド演奏や漫才などを取り入れる

## 新しい伝道スタイルを模索して

お説教の新たな手法として、バンド演奏や漫才などを取り入れるグループもある。浄土真宗本願寺派の広島県内の若手僧侶八人でつくる「アサカラザル」だ。招かれた寺院で披露すると、高齢の門信徒たちも「新しいスタイルの説教」として歓迎する。従来型の法話の研鑽にも熱心に取り組むメンバーにとって、仏法の表現方法の模索は、より親しみやすい布教を目指す挑戦でもある。

メンバーは二〇一五年十一月初め、広島県安芸郡海田《かいた》町の浄土真宗本願寺派真宗寺の永代経法要に講師として二日間招かれた。昼間はお勤めに続いて、五人が「バンド法話」として六曲を演奏。グループの代表で西念寺（広島市西区）の宮武大悟副住職（三十七歳）がギターやキーボードなどに合わせて歌い、曲間には、その曲が仏教的にどう味わえるかを説いた。

五曲目は松任谷由実の『守ってあげたい』。あなたを苦しめるすべてから守る、という意味のサビ部分について、宮武副住職は「普通に聞けばラブソングだが、われわれの苦しみ、不安を取り除いてくれる阿弥陀様の言葉と思って聞くと、慈悲深い曲」と解説。約四十人の聴衆もうなずきながら話に聞き入った。

初日の夜席は、女性メンバー三人を中心に企画した。薄暗くした本堂の一角を多彩な色の光で照らして、厳かな雰囲気を演出。浄土真宗寺院の坊守が命の尊さを表現した詩を、福泉寺（三原市）僧侶の高藤法子師（三十三歳）が朗読した。

二日目は、宮武副住職と前出の圓正寺の久留島法暁副住職による漫才。笑えるやりとりを交えながら、「他力本願」「往生」などの仏教用語をさりげなく解説した。

二十歳ごろから聴聞を続ける真宗寺門信徒の女性（海田町在住、七十六歳）は、「今まで経験したことのない新しいタイプの法座で衝撃的だった。バンド法話を楽しみ、朗読で涙し、漫才で笑う。私たちの世代も感動できた。若い人にも伝えていってほしい」と期待していた。

ギターを担当する小川智行師（三十五歳）は、真宗寺の副住職。布教使として活動する父の照信住職（六十四歳）は「アサカラザルのメンバーは仏法を次世代につないでいく世代。今からの時代に伝えていく手法として、いろんな形があってもいいと思う」とエールを送る。

アサカラザルは二〇一二年秋、日頃から仲のいい同世代の僧侶六人で結成した。グループ名は、浄土真宗の領解文にある「次第相承の善知識のあさからざる御勧化の御恩と……」から引用。阿弥陀如来の深い慈悲心を伝えようと、「浅からざる」の意味で名付けた。法座に招かれるのは年数回。広島市近郊を中心に、活動を知った組や寺などから依頼がある。法座が近づくと、メンバーの自坊などで事前練習

若者に人気のある「広島青年僧侶春秋会」の仏教文化講演会の模様

をする。

現在のメンバー八人のうち、男性五人は、高校や大学時代にバンドに入って音楽活動をしていた。こうした得意分野を生かし、活動の幅を徐々に広げる。自分たちが楽しみながら、門信徒に魅力のある布教スタイルを探るのがグループの基本姿勢だ。

宮武副住職は「僕たちにはまだベテランの布教使の力量はない。音楽なら、会場とアンテナの波長が合った時、不思議な一体感が生まれる」とし、「聴聞に熱心な門信徒に喜んでもらいながら、若い世代にも仏法を広めていけたらありがたい」と、縁の広がりを願っている。

## お寺に縁遠い人々への布教を

広島県西部の浄土真宗の若手僧侶でつくる「広島青年僧侶春秋会」は仏教文化講演会を続け、二〇一五年で二十回目。半世紀の歴史があるが、最近は、寺と縁遠い若者たちが仏教を身近に感じられる場にと講演会の枠を超えたプログラムを企画。音楽ライブやトークショーなどを積極的に取り入れ教えを広めている。

《♪あんたはあんたでええんじゃけえね……あんたはひとりじゃないんじゃけえね……涙を流してええんじゃけえね……》

二〇一五年二月半ばの夜、ドラムやギターのリズムに乗り、ヒップホップミュージシャンＧＡＫＵ－ＭＣのラップ音楽が広島市中区の本願寺広島別院本堂に響いた。この曲は「ナミダノアト」。宗祖親鸞が阿弥陀如来の徳をたたえた正信偈をもとに、春秋会メンバーがＧＡＫＵ－ＭＣとともに作った。ラップを初めて聴く人も多かったが、リズムに合わせて肩を揺らし、手拍子を楽しそうに打っていた。

二十回目のこの日は「ナムミックス」と題して、「泣ける仏教エンターテインメント」がテーマ。二〇一四年八月の広島土砂災害の被災地でボランティア作業をしたメンバーが、「涙も出ない」とうつむく被災者に接したのを機に、多くの人が心を解き放って前を向けるイベントにしようと案を練った。四曲歌った広島市中区出身のシンガー・ソングライターＭｅｔｉｓ（メティス）は曲間に、平和のメッセージを聴衆に語りかけ、「みんなが平和という寝床で、ゆっくりと夢を見られますように」と願いを込めた。

法要は本堂内を竹灯籠で灯《とも》し、春秋会の僧侶約二十五人が雅楽を奏でたり、正信偈を勤めたりした。「泣ける落語」などもあった。いずれも仏法を伝える手法を工夫し、心のありようを聴衆に問いかけた。屋外では竹筒約二百基にろうそくを入れて灯し、あたたかい雰囲気を演出した。会場は、子どもから高齢者まで約六百人が埋めた。

友人を誘って来た広島市安佐北区に住む美容業の女性（三十八歳）は「若い僧侶の文化祭のような雰囲気。楽しいだけじゃなく、感謝する心の大切さにあらためて気付かされた」とほほ笑み、「お経の意味は分からないが、歌にすると伝わる。仏教は若者にも響く」と話した。

真宗各派の僧侶たちによる「真宗合同布教大会」の様子

仏教文化講演会は、四十歳までの若手僧侶で一九五八年に発足した春秋会が一九六一年に始めた。一九七四年の第三回以降はほぼ隔年で開いている。近年まで小説家や宗教学者などによる講演が主だったが、二〇一〇年の十八回目からは特に、ライブなどで若い世代を意識した行事へと趣向を変えてきた。二十回目の実行委員長で、浄土真宗本願寺派光禅寺（広島市佐伯区）の星月光生副住職（三十八歳）は「年配の方にとっては特に刺激的で、お寺らしからぬ雰囲気と感じた人がいるかもしれない。ただ、みなさんの楽しそうな表情を見ると、幅広い世代に受け入れてもらったと思う」と話す。

## 宗派を超えた布教大会の成果

全国的にも、宗派を超えて若手僧侶が結束し、仏法を伝える動きが出始めている。浄土真宗内の宗派の枠を超え、各派の僧侶たちが法話をリレーする「真宗合同布教大会」だ。六派の僧侶や、門信徒の若手有志計十九人でつくる真宗合同布教会が二〇一一年から始め、年に二回実施。七回目は広島県内で初めて、二〇一五年六月下旬にあった。寺離れが進む中、若い僧侶たちは仏法をさまざまな手法で語り、ほかの宗派の法話から伝え方を学び合う場にもなっている。

本願寺広島別院であった合同布教大会では、広島、島根、山口、香川県などから四派の僧侶八人が登壇し、門信徒三人がそれぞれに仏法への思いを語った。

トップバッターの真宗出雲路派栄泉寺（福井県南条郡南越前町）の藤野間順副住職（四十三歳）は、「命の尊さに気付くのは今でしょう」と題し、法務の傍ら働く介護施設でのエピソードを交えて初の法話に挑んだ。自室で夜に念仏を唱える認知症の女性の姿を例に、「日頃の表情は険しいが、『もったいない』と念仏を繰り返す女性の表情は、とても穏やか。健康だと命の尊さに気付きづらいが、生きていることに喜びを感じたい」と説いた。

浄土真宗本願寺派明圓寺（広島県三原市）僧侶の内藤良誠師（二十九歳）は「如来大悲の恩徳は」がテーマ。「人は、予定通りにならないと怒りや悲しみが出るが、約束や予定は、必ずしもその通りにならない。阿弥陀様のはたらきに出遇わせていただき、感謝の言葉で日々を送りたい」と語りかけた。

合同布教大会は、浄土真宗本願寺派と真宗大谷派の僧侶が、フェイスブック上で意見交換していて発案。宗派を超えた法話会はあまりなく、僧侶や門信徒の交流の場にと考えた。

第一回は二〇一一年六月、浄土真宗本願寺派の本山の西本願寺（京都市下京区）の聞法会館で企画した。その後、実行委員が所属する真宗大谷派、真宗佛光寺派、真宗興正派、真宗出雲路派、真宗高田派を加えた六派の本山や関連施設で開き、広島は京都、福井、三重県に次いでの開催だった。

講師は毎回公募。寺離れに危機感を持つ二十代から四十代の僧侶の関心が高い。法話は、阿弥陀仏の本願から説き始めたり、煩悩にとらわれた人の姿を冒頭で明らかにしたり。念仏に出遇うまでの過程に違いがあるという。

発起人の一人で浄土真宗本願寺派西福寺（東広島市）の根来《ねごろ》暁住職（四十三歳）は、「話しぶりや構成でそれぞれ特徴はあっても、すべての人を救う念仏の教えを通じて一つになれる」と強調。言葉に抑揚を付けた節談《ふしだん》説教、音楽、人形劇を取り入れる僧侶もいて「多彩な法話のスタイルがあり、いろんな世代に教えを広められる場になっている」と話す。

七回目までの通算の聴講者は、延べ約二千人。毎回、インターネットでライブ配信もする。

広島の大会に参加した広島市佐伯区に住むパートの女性（四十三歳）は「お寺で聴聞すると、『若いのになぜお寺へ』と場違いな目で見られ、疎外感を感じることがある。ここはみんなで南無阿弥陀仏を喜べ、温かい」と、普段と違う雰囲気を楽しんだ。

# 寺檀を超えて仏教を伝える「私塾」が活況を呈している

●真宗学寮（広島県広島市）
●本覚寺「広島仏教塾」（広島県広島市）

## 誰でも宗学を学べる真宗学寮

広島には、「真宗学寮」という真宗学を学ぶ私塾がある。浄土真宗本願寺派の勧学で、西向寺（広島市中区）住職だった高松悟峰師（一八六六―一九三九）を中心に、安芸地方の僧侶が発起人となって明治期に設けられた。安芸門徒が多い広島で、浄土真宗の信仰が盛んな風土に根ざした塾だ。

誰でも無料で宗学が学べる建学の理念は脈々と現代に引き継がれ、二〇一六年五月で百十周年の歴史を刻む。広島市中心部からほど近い西区南観音に、その真宗学寮はある。一見すると、一般的な寺とはやや違って見えるたたずまいだ。

二〇一六年二月十五日の朝、僧侶や門信徒約二十人が集まった。畳敷きの広い部屋で、正面に向かって机が並べられ、講義が始まった。

この日の講師は、学寮の岡本法治教授（六十歳）。聖典を見ながら、「南無阿弥陀仏には阿弥陀仏の万徳が備わり、万人を等しく浄土に生まれさせる慈悲の働きがある」とし、「悪い行いをすると地獄に落ちるという自業自得の道理を超えて、どうしようもない悪人であるわが身も平等に救われる仏道」と浄土教の立ち位置を解説した。難行と区別して、念仏を誰でもできる「易行」とも指摘。

開塾して約110年の歴史を刻む真宗学寮（広島市西区）

「念仏はいつでもどこでも、どんな心持ちでも喜べる如来行。自分の弱い心と真正面から向き合う勇気を与えてくれ、歩んでいく道を開いてもらえる」と岡本教授は説いた。

朝学は午前九時半から昼まで。二〇一五年初めから通い始めた西区の無職女性（八十二歳）は「分からない仏教用語の意味を教えてもらえ、ありがたい。親鸞聖人の人間性に触れながら、幼い頃に明治生まれの祖父から聞いた教えをあらためて学び直している」と話す。

通っている人たちによると、お寺で聞く法話と違い、真宗学をより突っ込んで学べるのが学寮の特色だという。

学寮の講義は、専門分野などを基に依頼した広島県内の僧侶十一人が担当。年配の僧侶だけでなく、若手も講師陣に加わる。謝礼はない。学寮内の白板に講師が日程を書き込んで告知し、受講者はそれを見て参加する。講義の回数は月によ

念仏の教えを説く真宗学寮の岡本法治教授。僧俗ともに真剣に聴き入る

って変わるが、平均すると、朝と夜の席を合わせて月十五〜二十回もある。理事長宛てに願書を出して許可を受ければ、誰でも期限なく受講できる。

運営資金は学寮が所有する不動産の賃貸収入などで賄っている。

## 原爆にもめげずに仏法探究百十年

真宗学寮の礎を築いた高松悟峰師は、広島県安芸郡中野村（現広島市安芸区）の随泉寺で生まれ育った。足利義山師に師事して宗学を学び、得度。富山県の富山徳風教校の教授を務めた後、一八九八（明治三十一）年に帰郷し、西向寺の高松家に入籍する。その後、高松師の深い学識と指導力を慕う多くの僧侶たちが西向寺に集うようになったという。そして、百十年前の一九〇六（明治三十九）年五月に真宗学寮が創設された。当時の発起人には、安芸地方の僧侶十人が名を連ねた。

初代学頭となった高松師が一九二〇（大正九）年に本願寺派の勧学に就任して以降、学寮に集う人たちの輪はより一層広がった。今と違い、明治期は寺院の後継者しか京都で専門的な真宗学を学べない時代。誰もが負担なく教えを学べる学寮は、仏法への知識を深めたい人たちにとって大切な学びの場だったという。

高松師は、龍谷大学教授への就任要請を固辞し続け、学寮での指導に情熱を注いだ。一九二三年には、僧侶に必要な基礎的な真宗学を学ぶ有料の広島仏教学院を、本山の許可を受けて学寮に併設した。受講者の増加に伴い、学寮は門信徒たちから寄付を募るなどして、一九二六年に現在地の広島市西区南観音へ新築、移転されたのである。

この年、学寮と縁のある全国各地の門信徒たちを中心にして「仏教宝章会（後の真宗学寮宝章会）」が結成された。

同会では、法話集『宝章』を毎月発行し、高松師が各地に出向いての出張講会などを運営してきた。会の支部は山口や九州、韓国、ブラジルなどに広がり、最盛期は七十七支部に上ったという。

## 県外からの受講者のための寄宿舎もある

高松師が一九三九年に往生した後も、間口を広く宗学の学べる場として学寮の伝統は脈々と引き継がれてきた。原爆投下で建物は半壊したが、被爆者の救護所として一時的に使われた後、学寮、仏教学院とも戦後まもなく講義を再開した。戦時中に経済統制のため廃刊に追いやられていた『宝章』誌も復刊。その後に再び途絶えた時期はあるが、今も年刊誌として、学寮と学院の講師陣が法話などを書いて発行され続けている。

最禅寺（広島県廿日市市）の米田順昭住職（四十一歳）は、二〇一五年春から学寮の講師陣に加わった。十一人の中でも若手だ。主に夜学の講師として毎月二回ほど教える。

「正信偈の漢字一字一字にも意味があり、学寮では、教えの奥深い部分まで訪ねていける。僧侶、門徒とも私より年上の方が聞きに来られる。ここは受講されている方とともに学び合える場」ととらえる米田住職。たとえ話などを交えながら説く普段の法座とは違う学びが、学寮にはあるという。

学寮は、割安な料金で寝泊まりできる寄宿舎（八部屋）も備えている。広島県内だけでなく、関西や四国、東海方面から来る人もいる。広島近郊だけでなく、いろんな地域から学びに集うのも、学寮の伝統だろう。

## 望まれる宗学を正しく教える場

学寮、仏教学院でのこうした講義のほかに、高松悟峰師の院号にちなんだ、一般の門信徒向けの法話会「広済会」や創立記念講会、報恩講も三月から十二月の月初めに開いている。

広済会は、講師陣が毎月講題を決めて話す。対象となる月の一日から三日にかけて計五席の法話がある。二〇一五年最後の広済会だった十二月には、正圓寺（広島県山県郡北広島町）の都河普鉦住職（六十六歳）が「真実信心」と題し、高座に上がった。都河住職の法話に先立ち、広島仏教学院の学生も広済会の参加者を前に教えを説いた。日頃の学びを伝える実践の場にもなっている。

二〇一六年の広済会は三、四、五、七、八、九、十一、十二月に開いた。「他力の信の特色」「如来

一般門信徒向け法話会「広済会」の様子。高座で話すのは都河普鉦師

の仰せ」「仏教の原点」など多彩な講題が並んだ。六月の創立記念講会や、十月の報恩講は、より多くの講師を呼び、一日から五日まで長い日程を組んで営まれる。

学寮の受講者はこれまでに千人を超える。西向寺住職で、学寮の高松秀峰理事長（四十九歳）は、「真宗学で、特定の学派の説に固執せず、教えの解釈で優れた説があればどんどん取り入れる『理長為宗』の考え方が大切にされてきた」と学寮の伝統をかみしめる。曽祖父の悟峰師については「小柄で声も小さい人だったと聞いている」と話す。

兵庫県に布教に行った時、念仏を唱えるだけの法話をしたこともあるとされ、短くても聞く側の心に響く説教をしていたという。

「今の時代は学ぶ場が増え、学寮の必要性は創設当初と比べると薄れたかもしれないが、学寮は広島の地でまだまだ望まれている」と話す高松理事長。地方で専門的な宗学を学べる場は現代では数少なく、「正しく教えを伝えていくには学びも重要。真宗の教えを大切にする安芸の土徳を受け継ぎ、学寮を次世代へつないでいきたい」と意気込む。

## 日蓮宗寺院が開く広島仏教塾

広島には、仏教の魅力を伝えようと無料で開放される「広島仏教塾」という学びの場もある。広島市中区の日蓮宗本覚寺だ。檀信徒でなくても、誰でも受け入れている。見聞きすることそのものを修行と捉えて、学びを深めているのが特徴だ。その歴史は、十四年とまだ短いが、毎月一回続けており、二〇一六年二月で百七十回を超えた。その時々の身近な題材をテーマに選んで、法話を聞いたり意見交換したりするスタイル。最近は十～十五人が参加し、学び合う場として定着した。

二〇一四年九月下旬にあった、百五十一回目のテーマが印象深い。「災害ボランティアで感じた彼岸の教え」と題し、本覚寺副住職の渡部《わたなべ》公友塾長（四十五歳）が、この年の八月末に広島土砂災害で被災した安佐南区へ復興ボランティアに行った経験を話した。多くの犠牲者を出した災害現場で見た様子を伝え、仏教の教えとも照らした（次頁の写真）。

渡部塾長は、最も多くの犠牲者が出た地区の民家で、土砂のかき出し作業に従事した。泥や汗にまみれ、見知らぬボランティア仲間と協力して敷地内の泥を運び出したという。その様子を振り返りながら、「自らの時間や労をなげうってボランティアに励む方々の行為は尊い」と強調。こうした奉仕は、布施などの六波羅蜜に通じる彼岸の修行と説いた。彼岸とは、人間が住む欲や煩悩にまみれた世界「此岸《しがん》」に対し、そうしたことから解放された悟りの世界を指す。一方、現場では土砂に埋もれたエアコンの室外機を所有者の許可なく持って帰る人を目撃したともいい、「此岸で迷う人間とは困ったもの。五戒や

広島市中区にある日蓮宗本覚寺の「広島仏教塾」（講師は渡部公友塾長）

六波羅蜜に大きく反する」とも指摘した。

この日はちょうど秋の彼岸の中日。仏教塾に続き、本堂内で法要も営まれた。塾にほぼ毎回参加しているという檀家の女性（九十六歳）は「今の時代に即して若い感覚で教えを説いてくれ、彼岸の意味も心にすっと入ってきた」と話にうなずいていた。

## 受け手目線を心掛けて八宗兼学を

仏教塾は二〇〇二年一月から続けてきた。日蓮聖人が日蓮宗を立教開宗した一二五三（建長五）年から七百五十年の節目を迎えたのを機に始めた。渡部塾長が話すだけでなく、参加者との意見交換を積極的に取り入れているのも、広島仏教塾の特色だ。

「寺というと、葬儀、法事など死者を相手にするイメージが強いが、寺は、生きる人の修行の場でもある」と渡部塾長。一般の人が仏教への入り口にしてほしいとの思いだった。

日蓮宗の開経偈にある「見聞觸知《けんもんそくち》皆菩提に近づく」との教

えが、塾の根本理念。見るもの、聞くもの、触れるもの、知るものはすべて教えに触れる修行と捉える。

塾のテーマは引きこもりなどの心の問題、死生観、葬儀の在り方など幅広い。渡部塾長の話をもとに、意見を出し合う。他寺などから講師を招いたり、仏像の見学に出掛けたりすることもある。二〇一一年三月の東日本大震災の後には、太陽光発電の簡易装置を手作りし、エネルギーについて考えた。

「八宗兼学」の考え方から、仏教塾では、空海や道元、法然たち他宗派の宗祖についても取り上げ、学習した。「自分が信じる教えだけでなく、仏教全体を俯瞰してみると、自分が信じる教えの素晴らしさもまた見えてくる」との理由からだ。渡部塾長は「私自身がいい教えだと勧めても、相手が理解してくれないと、その人の心には響かない」ともいう。

「日頃から宗教と無縁であっても、誰もが悩みを抱えて生きている。そうした人たちが関心を持つテーマを考え、ニーズに合った、受け手目線の塾運営をしていきたい」と力を込める。

広島県熊野町の無職男性（七十六歳）は、数年前に亡くなった妻が塾へ参加していた縁で通い始めた。「妻を亡くすまで宗教と無縁だった。塾で学び、墓参りは故人に会うことだと思えるようになった。勉強は生きる糧。生活の中でプラスにしていきたい」と話す。

本覚寺では、二〇〇五年から、子どもたちに仏前作法などを指導する「広島寺子屋こども会」も月一回開き、世代を広げてきた。今年（二〇一六年）からは、子どもの集まりやすさや内容の充実を考えて、七月の夏休みに一泊して開く形に変える予定だ。渡部塾長は「塾生に支えられ、私も勉強させてもらっている。今後も、社会で起きているタイムリーな題材と教えを結びつけ、学んでいきたい」と話す。

# 多彩な方法で家庭や繁華街に飛び出した住職たちの活躍

●善正寺（広島県広島市）竹本憲住職「家庭法座」
●「広島青年僧侶春秋会」（広島県西部）
●「四季倶楽部」（広島県西部）

## 注目される「家庭法座」の実際

お寺の本堂を舞台にした従来型の法話に加え、僧侶が住宅街や繁華街に出向いて教えを説く取り組みが、広島県内で広がっている。檀家が減少し、お寺へのお参りが減る中、待ちの姿勢から攻めに転じ、布教していこうとする取り組みである。聴きに来る側にとっても、敷居が低くなり参加しやすいと好評だ。

広島市佐伯区の無職三村勲さん（八十四歳）とトシヱさん（八十一歳）夫妻が、自宅で営む「家庭法座」に出向いているのは浄土真宗本願寺派善正寺（佐伯区）の竹本憲住職（四十五歳）だ。三村さんの父音次郎さんの月命日の十九日に合わせた法座は、地域住民にも開放している。四月～十月の年七回。

善正寺は三村さんの師匠寺だ。取り組みは二〇一六年で七年目。幅広い住民を家庭で受け入れる法座は珍しく、和やかな雰囲気が評判を呼び、口コミで輪を広げている。参加者は、お寺への聴聞の習慣のない人が大半。仏縁を広げるきっかけになっている。

二〇一五年最後の十月の法座には、十三人が参加した。三村さん方のふすまを取り払った客間十二畳に机を並べて、仏壇に向かって正信偈を唱えた。

続く法話で竹本住職は当たり前の日常のありがたさを説いた。

「当たり前の中に身を置くと、感動も感謝の心もなくなり、愚痴、不平、不満、ねたみが表に出てくる」とし、「阿弥陀様のはたらきに出遇うと、一瞬一瞬をありがたく感じられ、物の見方が変わる。自然と、ありがたい、おかげさまという言葉が出てくる」

と、日々の聴聞の大切さをあらためて強調した。

法座の参加費は懇志として一人二百円と決めてある。住職の話をただ聴くだけの一方通行でなく、参加者が気軽に質問できるのも、家庭法座の特徴だ。

近所の主婦（六十八歳）は、知人の紹介で来るようになった。法事を除いて寺との縁がなく、日常生活で法話を聞く機会は少なかった。

「法座を通じ、以前よりも不平、不満が減ったと思う。感謝の心など、自分の中にスーッと入ってくる教えを生活の中でも役立てている」と、毎月十九日を心待ちにしている。

家庭法座は、二〇一〇年四月から続けられている。日にちは、一九六九年一月十九日に六十一歳で病死した音次郎さんの月命日。月参りで聞く住職の話を自分たちだけで味わうのはもったいないと考えた

在家夫婦の要望から始まった家庭法座で法話をする善正寺の竹本憲住職

三村さんが、生かされていることへの感謝の気持ちを地域に広く伝えようと始めた。

## お寺から大衆の中へ入ってほしい

法座を営む思いの底には、三村さんが戦後向きあった「死」への悲しみや寂しさがある。十三歳の時に現在の北朝鮮で敗戦を迎えた。そのまま冬を迎え、多くの人が飢えや寒さで死んだ。三村さんはむしろに巻いた遺体を墓地へと運び、積み重ねるように土葬した。「ろうそく一本も手向けられなかった」と振り返り、つらい思いや、戦争の悲惨さを胸に刻んでいる。その翌年の夏に一家五人で日本へ帰国。二十歳で結核を患って肺を手術した。病棟で多くの入院患者の死に直面し、自らも医師から「余命五年」を宣告されていた。苦悩の中、三十代後半からお寺通いをし、教えを通して心が救われたという。「宗教は心のよりどころとして大切。私自身も安心感をいただけた」と感謝する。

三村さんは二〇一三年、高齢のため運転免許証を返納。坂を上る必要がある善正寺や他寺を訪ねる機会は減った。

「私のような高齢の門信徒にとっては、都市部であっても、急な坂があるとお参りが難しい。こうして、お寺の側から大衆の中に入ってきていただけるとありがたい」と話す。

こうした家庭法座について、本願寺広島別院（広島市中区）は、仏教離れが進む中で意義深い取り組みとみる。

竹本住職は「十九日が近づくと、何を話そうかと、私も勉強の機会をいただける。むしろ、私が育ててもらっている」とし、「これからはお寺から地域へ飛び込んでいかないといけない時代だ」と実感するという。

冬場は、高齢の参加者の健康面を気遣って法座を休む。その間、三村さんは花々などを描き「体に気をつけて」などのメッセージを添えた絵手紙を参加者に送る。七年目を迎えた二〇一六年も四月に再開した。取り組みを知った新しい聴聞者が加わった。

三村さんは「若い時はそれほど思わなかったが、先立つ友人が増え、悲しく寂しい思いをしていた。だが、皆さんと会い、いろんな話をしていると勇気づけられる。毎年春が近づくと、元気に再会できるのが楽しみ。ご法話を聞かせていただきながら、残された人生を歩んでいきたい」と願う。

## 若手僧侶によるオアシス法話

広島県西部の浄土真宗の若手僧侶約九十人でつくる広島青年僧侶春秋会は、広島市中心部の繁華街に定期的に出向いて仏法を説く「オアシス法話」を続け、二〇一六年で三十年目を迎えた。

ライブハウスで法話をする徳澤祐真師（オアシス法話の模様）

念仏の教えを次世代に引き継ぎ、安芸門徒が多い風土を守ろうと続けてきた。当初から通い続ける常連もいるが、インターネットなどでこの場を知った若者たちの姿もあり、お寺と縁遠い人に教えを伝えるきっかけを生んでいる。

二〇一六年四月十六日夜、広島市中区のライブハウスには約二十人が集まった。壁やドアにはロックバンドのポスターが貼られ、アップテンポの音楽が会場を包む。テーブルを見渡すと、二十〜三十代の若い人が多い。演奏用に作られたステージが法話の場だ。

この日は廿日市市の浄土真宗本願寺派蓮教寺僧侶の徳澤祐真師（二十七歳）が「ほとけさまの光」と題し、スーツ姿で約三十分間、法話を務めた。周りの人や世間の見方と比べて、自分や家族の今の状況がいい、悪いと判断しがちな人の価値観に触れながら、「私たちは、正しいもの、大切なものを見失いがちだが、命あるものはみな輝いている。阿弥陀様の光は平等に降り注ぎ、私たちを支えてくださっている」と説いた。

法話が終わった後は、会場でドリンクを飲みながら、集まった人同士で自由に語り合ってもらう。この場で出会って仲良くなった人もおり、仏法を縁にした交流の輪の広がりも魅力だ。オアシス法話は「乾燥して水に飢えた心にオアシスを」という意味で名付けられ、一九八七年七月に始まった。最初の会場は小さなスナックで、その後、カラオケボックスやワンショットバーなど場所を変えながら開き、現在の会場は六カ所目だ。

当初は講師の都合に合わせ、毎月十日前後に開いていたが、五年余り前から、一月と八月を除いて浄土真宗の宗祖親鸞の月命日の十六日に原則営んでいる。時間は、店のオープン前で借りやすい夕方に設定している。

ここ数年は、参加者の前に僧侶が立って話す従来型の法話だけでなく、劇、音楽バンド、紙芝居、影絵など若い僧侶の視点で新しい伝え方を工夫して、実践の場としても生かされている。

## お寺だけではじり貧が目に見える

自らを「無宗教」という中区の会社員女性（二十四歳）は、知人に誘われて二、三年前から通っている。仕事で疲れきっていた二〇一五年、「休憩しながら人生をゆっくり歩んで」という趣旨の法話を聞き、うるっとした。

「『ゆとり世代』などと、私たちの年代は甘えていると言われ、職場の人間関係での悩みが多い。ここで聞いた法話を後で思い出し、癒やされることも多い」とし、「格式高く感じるお寺は行きづらいが、ここなら来られる」とほほ笑む。

オアシス法話30年目の記念大会はOBも参加してのパネル討論会

節目の三十周年記念大会は、二〇一六年四月二十九日に中区の別の会場で開いた。パネル討論には現会員の若手だけでなく、オアシス法話の始まった頃を知るＯＢ二人も登壇して歩みを振り返った。

「お寺に来てもらって話を聞いていただくだけでは、じり貧が目に見えている。（布教に）われわれから出て行こうと考えた」と、広島市安佐北区の浄土真宗本願寺派超円寺の篠原典祐住職（六十三歳）。

広島県安芸《あき》高田《たかた》市の浄土真宗本願寺派善立寺の松林行圓住職（六十六歳）は、「始める時よりも、長年続けていくほうがパワーがいると思う。（オアシス法話を）受け継いでいくには、常に新しいやり方を取り入れていったほうがいい」と、音楽などを取り入れた新しい説法スタイルにエールを送った。

毎回の講師は、四十歳以下の春秋会会員のうち、オアシス法話の未経験者を中心に選んでいる。なかには自坊でも法話をした経験が少ない僧侶もいる。運営を担当する真宗大谷派教徳寺（広島県安芸郡府中町）の寺川大乗住職（三十七歳）は「若い僧侶だからこそチャレンジができる場」ととらえる。

春秋会会長で浄土真宗本願寺派住蓮寺（広島県呉市）の豊原正史住職（三十八歳）は、「オアシス法話に来る人は、門信徒でない方も多い。長い目で見た時、ここでのご縁がお寺のお参りにつながり、子や孫の代まで教えをつないでいくきっかけにしたい」と力を込める。

## ベテラン僧侶たちの出張法話

春秋会でのかつての活動がきっかけとなり、会を卒業した後も繁華街に出向いて説法しているベテラン僧侶たちもいる。広島県西部の五十～六十代の僧侶十七人でつくる「四季倶楽部」だ。

年四回の出張法話は、広島市中区の流川町でオープン前のスタンドバーを借り切り、仕事帰りの会社員や主婦たちがドリンクを飲みながら仏法を味わう。話を聴くだけでなく、仏教の教えや日頃の悩みなどを自由に語り合うスタイルも、参加者に好評だ。

四季倶楽部の法話会は二〇〇四年春に始まった。二〇一六年最初の法話会は一月十八日にあり、約二十人が参加した。講師を務めた千暁寺（広島市南区）の日下正実住職（六十五歳）がバーのカウンター越しに座り、「被爆七十年を終えて」をテーマに三十分間の法話をした。

日下住職は法話の中で、二〇一五年七月に広島市中区の平和記念公園における「平和を願う法要」で本願寺派の大谷光淳門主が平和を語り継ぐ責任を説いた言葉を引用。原爆で子どもを亡くした母親が念

バーで開かれた四季倶楽部で被爆70年について話す千暁寺の日下正実住職

仏をよりどころに生き抜いた手記も紹介しながら、「安保や核の問題など現在の世界情勢は不穏。節目の年に限らず、仏法をもとに、常に伝えていく姿勢を持ちたい」と強調した。続く三十分間は、講師と参加者が立場を超えて語り合った。コーヒーやお茶、アルコール類を飲みながらの自由な雰囲気だ。「どうしたら、子どもたちが気持ちよく墓参りをしてくれるだろうか」「物があふれ、ありがたさの分からなくなった社会をどう思うか」

質問や意見を思い思いに述べ合って共有した。

二〇〇四年当初から参加している、広島市西区の主婦（六十七歳）は「お墓とわが子との関わりは私にとっても関心事で、考えさせられた」と話し、「この法話会では、ご講師の話だけじゃなく、参加している方々の身近な話題や意見も聴けて参考になる」と魅力を語る。

## 会社帰りに立ち寄りやすい法話会

四季倶楽部は、広島青年僧侶春秋会を四十歳で卒業したＯＢを中心に結成。各寺の住職として布教や地域活動に忙しいため、法話会は回数を絞って季節ごとに一月、四月、七月、十月に開いている。

「土俵や形にこだわるよりも、多くの人が仏法に触れられる機会を増やしたかった」

結成を呼びかけた世話人で、浄土真宗本願寺派徳応寺（広島市中区）の藤丹青住職（六十六歳）は当初をそう振り返る。

「いろんな価値観があるため、聴きに来やすい場所は人それぞれ」と考えて、会社帰りに立ち寄りやすい繁華街の流川町を会場に毎回、同じスタンドバーで開いている。

法話会は浄土真宗の教えを伝える場と位置づけているが、門戸は門信徒以外にも開き、悩みを抱えた人、仏教に反感を持つ人など参加者の立場はさまざまだ。会費の千円は飲み物代などに充て、講師への謝礼はない。案内状のはがき代や、運営に必要な経費はメンバーで負担している。

四季倶楽部の事務局で、浄土真宗本願寺派圓龍寺（広島市中区）の菅隆雄住職（五十二歳）は、「日頃からお寺に通っている方ばかりではないので、仏法をどう伝えていくか、ハードルが高い。身近な話題から話したり、経験を交えたり。僧侶の側も勉強になる」と受け止める。

藤住職は「社会での肩書や立場に関係なく、命の救いを感じたいと思っている人は多い。和やかに本音で語り合える場として続けたい」と縁の広がりに期待していた。

# お寺ならではのイベントで「人口減少地域も甦る

●光源寺「えたじま手づくり市」(広島県江田島市)
●誓願寺　落語まつり「策伝会」(広島県広島市)
●光澤寺「宿坊」(鳥取県八頭郡八頭町)

お寺にとって、檀家とのつながりはとても大切だ。その一方で、地域内外の多くの人に仏縁を広げていく使命もお寺にはある。

境内を地域住民に開放したり、宿坊として広範囲から人を呼び集めたり。お寺や地域の実情に応じて工夫すれば、その可能性は大きく広がる。

## 光源寺「えたじま手づくり市」

広島市南区の広島港から高速艇で二十分余りの場所にある、江田島市能美町高田《えたじましのうみちょうたかた》の浄土真宗本願寺派光源寺では、毎年春と秋に境内を開放し、住民たち有志による「えたじま手づくり市」が開かれている。手芸・工芸品、パンなど多彩な品々がお寺一帯に並び、劇や音楽演奏など趣向を凝らした出し物も人気だ。二〇一六年十一月で九回目を数え、恒例行事として定着した。市内外から多くの人が訪れ、過疎の島に活気を呼ぶきっかけにもなっている。

光源寺は、高田港から坂道を十分ほど歩いて上り、眼下に海を一望する場所にある。五月の大型連休中にあった八回目の手づくり市には、過去最多の約八百人が参加した。「仏様にまずあいさつを」というお寺側の願いから、出店者たちが本堂に向かって合掌、礼拝して始まる。お寺の鐘の音を合図に午前十時、江田島や広島、呉、尾道市などから公募に応じた四十三店が一斉にオープンした。

待ちわびた人たちは目当ての品々を求めて列を作り、鶏や豚肉の炭火焼き、移動車のコーヒー、大豆うどん、地元農家が朝採った野菜などが人気を集めた。子ども向けに、木製クリップ作りや輪投げなどのコーナーも設けられた。親は品定めしながら境内を歩き、子どもたちは走り回る。訪れた人同士の肩が触れ合うほどのにぎわいだった。

参加者の顔ぶれは、若い親子連れや老夫婦たちと幅広い。娘を連れて、二〇一四年から訪れる地元の女性（三十八歳）は「目移りするほどいろんな品が並んで楽しい。お寺との距離が近く感じられるようになった」と行事を歓迎する。

本堂では、音楽バンドや琴の演奏もあった。毎月二回の同寺の寺子屋に通う小学一〜六年生約二十人でつくる「光源寺寺子屋劇団」は、肉食恐竜と弱い恐竜との友情を描いた劇「きみはほんとうにステキだね」を上演。一人一人の尊さや、助け合う大切さを問いかけた。

出演した六年生の田伏英真君（十一歳）は「人への嫌がらせやいじめはいけない。劇を通じ、思いやる心を伝えられた」と満足そうだった。

「えたじま手づくり市」で公演して大好評の「光源寺寺子屋劇団」

## 離島した人との縁をつなぐために

手づくり市は二〇一二年秋、島を活気づけたいと始めた。門信徒や住民たち十三人でつくる実行委員会が企画、準備をして年二回、欠かさず続ける。委員長を務める光源寺坊守の海谷真貴子さん（三十九歳）は「地域で受け継がれてきた境内に身を置き、お寺のぬくもりをともに味わいたい。皆さんが喜んで帰ってくれ、笑顔の輪が広がることがうれしい」と手応えを話す。

出し物の合間に、海谷真之住職（四十三歳）の法話もあった。毎朝の聴聞習慣があるほど信仰があつい江田島地域の文化に触れてもらう試みだ。海谷住職はこの日、「私たちが考える幸せは、悲しみや苦しみの種でもある。この体、家族、お金……。人はいつか、それらを手放さなければいけない時がくる。幸せが大きいほど失うのがつらい。迷い続ける私たちを、阿弥陀様はいつも見守ってくださっている」と説いた。光源寺の周辺は過疎が進んで子どもが減り、海谷住職が通った小学校も二〇一四年に閉校になった。地元を離れた人たちとのつながりを保つことは、お寺だけでなく地域全体の課題で、手づくり市は縁つなぎにも一役買う。

子どもの頃、同寺の日曜学校に通っていた市内の主婦（四十八歳）は「結婚して古里を離れて二十年近いが、こうした行事があるとお寺に行きやすい。懐かしい顔に『お帰り』と言ってもらえる場がありがたい。これからも、長く続けていってほしい」と期待する。

「境内から瀬戸内海を見渡し、のどかな雰囲気を楽しんでもらえる」という海谷住職は「都市部から来られた方に島の魅力をアピールできる、島のお寺ならではの取り組み」ととらえ、交流の場としての縁の広がりを願う。

## 誓願寺の落語まつり「策伝会」

広島市西区の浄土宗西山深草派誓願寺では「落語の祖」としても知られる開祖、安楽庵策伝（一五五四―一六四二）の功績をしのび、落語まつり「策伝会」を毎年四月に開いている。二〇一六年で二十五回目を迎えた。落語家を招き、笑いを通して参加者を和ませるほか、茶人でもあった策伝にちなんで茶席も設ける。檀家だけでなく、多くの住民が集う行事として地域に根付いている。

僧侶だった策伝は、笑い話を織り交ぜた説教が評判を呼んでいた。策伝が第五十五世法主を務めた西山深草派総本山誓願寺（京都市中京区）によると、全八巻に約千三十話を残した笑話集『醒睡笑』は後に落語のネタ本にもなったという。

二〇一六年四月下旬にあった二十五回目の策伝会で「奉納落語」を演じたのは、広島市南区出身の落語家、古今亭菊志んさん（四十五歳、東京都新宿区）。本堂に設けられた高座に座り、身ぶり手ぶりを交えながら軽妙な語り口を披露した。午前、午後に一席ずつの菊志んさんの前座は、広島演芸協会の四人が盛り上げた。

誓願寺本堂で奉納落語を演じる古今亭菊志んさんに大喝采

満員の本堂は笑い声が絶えなかった。ほぼ毎年参加している広島市安佐南区の男性（八十八歳）は「何度も笑わせてもらった。心がリフレッシュでき若返った気がする」と喜び、「人の心を打つ落語の話術は、現代のお坊さんの法話でも参考にできるのではないか」と話していた。

策伝は落語家の間でも広く知られる。菊志んさんは「尊敬と感謝の念を感じている。策伝会は、お寺と落語のつながりを考える、いい機会。恐れ多い場だったが、私の落語を通じ、お寺が親しみやすい場になれば、落語家の一人としてうれしい」と話す。

## 地域の人々にお寺からのお布施として

誓願寺は、策伝の意を受けた毛利輝元が一五九〇（天正十八）年に創建した。広島三大伽藍に数えられた名高い寺で、爆心地に近い広島市材木町（現中区）にあって原爆で全焼した。

その後、広瀬隆慶住職（六十九歳）の父準隆さんが一九六三年に現在の西区三滝本町で再建。数寄屋造りの茶室「策伝庵」も境内の一角に再現された。

策伝会は、書院と庫裡を改築した一九九一年に営んだ創建四百年の大法要での落語公演が評判で、お参りした檀家たちの望む声もあって翌九二年に始めた。毎年四月の第四日曜日に開く。あまり知られていない仏教と落語のつながりを、参加者に知ってもらう狙いもある。

プロによる奉納落語のほか、茶席は、策伝が古田織部の下で上田宗箇《そうこ》とともに学んでいた縁で、広島市西区に家元のある上田宗箇流が務める。普段は入れない策伝庵もこの日に限って公開。

「日頃お世話になっている地域住民への、お寺からのお布施」という考えから、入場は無料だ。参加者は当初五十人ほどだったが、口コミで輪が広がった最近は二百人を超える。

策伝会について広瀬住職は、穏やかな笑顔と思いやりある話し方で人に接することを説いた大無量寿経の「和顔愛語」に通じる取り組みと捉えている。「笑いは人の心を和ませる。皆が笑顔になると、家庭やいろんな場でけんかや争いが少なくなるのではないか」と強調する。

「策伝上人は法話の達人」と、僧侶の大先輩としても敬意を払う広瀬住職。その姿勢に学び、普段教えを説く際に場を和ませる話を取り入れるよう心掛ける。

「策伝会での皆さんとのつながりを大切に、いろんなかたちで上人の顕彰を続けたい」と縁の広がりを願う。

光澤寺（鳥取県八頭町）の宿坊で宿泊客に瞑想を指導する宗元住職

## 過疎地にある光澤寺宿坊活動

鳥取県八頭《やず》郡八頭町の浄土真宗本願寺派光澤寺は、宿坊として門戸を広く開いた。過疎の進む地域にあって門信徒が少ないため、将来を見据えたお寺の生き残り策として始め、二〇一六年で五年目になった。

一日に一組限定で宿泊客を受け入れ、心の授業や写経などを体験してもらう。同派では珍しい取り組みだが、悩みを抱えた人たちの相談にも乗る取り組みは評判を呼び、仏教やお寺に興味のある人たちが全国各地から訪れている。

「心はもともと、澄み切った青空のように清らか。思考が働くと、欲望などで雲に覆われて苦悩が生まれる」。光澤寺の宗元《むねもと》英敏住職（五十六歳）が二〇一六年九月下旬の三連休、東京と松江市内から友人同士で訪れた女性二人に本堂で語りかけた。宿坊で取り組む心の授業だ。

「こうありたいと願う思いと現実のギャップが心の苦しみになる。自分を客観的に見て、ありのままの自分を受け入れれば、心が解き放たれる」と説き、瞑想を通じた呼吸法も手ほどきした。

二人は、しとしと降る雨の音とカエルの鳴き声だけが響く静かな本堂に身を置き、般若心経の写経にも取り組んだ。

東京都板橋区に住む会社員女性（四十四歳）は、「仕事に忙しい毎日だが、静かな空間で日常から離れられた」と話し、「瞑想で心が落ち着いた。お話を聞き、自分の心と向き合う、いい機会をいただいた」と喜んでいた。

## 坊守の宿坊テーマは心の古里

宿坊の料理は宗元住職の妻である坊守の恵美さん（四十八歳）が腕を振るう。この日は地元で収穫された新米で炊いた栗ご飯。当日仕入れる地元産野菜や旬の食材で客をもてなす。お品書きには、宗元住職自らが手打ちするうどんもある。

「宿坊のテーマは『心の古里』。自分をゆっくりと見つめ直し、元気になって日常へ帰ってもらう場でありたい」と宗元住職。初年度に百人ほどだった宿泊客は口コミで増え、二〇一五年度は約三百人になった。全国に加え、海外からの客も来る。

世代は学生から八十代まで幅広く、女性が約八割。宿泊客の三分の二は一人旅であるのが特徴だ。悩みを抱えた人も多い。宗元住職は「悩みがある方は、リゾート地だと周りがにぎやかで逆に孤独になる。一人で行ける場所として望まれているのではないか」とみる。

一人旅の客には「食事をご一緒しましょうか」と声を掛ける。大半は希望し、一緒に食べる。話しているうち、客のほうが「実は」と悩みを打ち明けてくる。職場の人間関係、結婚や転職、家族との不仲……。どんな思いも否定せず聞き、寄り添う。事務室を「バー」と呼び、お茶などを飲みながら夜明け近くまで話し込むこともある。

この前の日には、福岡県から四十代後半の看護師の女性が訪ねてきた。午前中まで仕事をして、車を走らせてきたという。午後九時に到着し、食事を済ませてから対話した。子どもとの関係、親の介護、自らの病気……。女性の話は尽きず、日をまたいで午前二時頃まで話し込んだ。女性は、その日の午前中に瞑想と写経を体験し帰宅した。

「僧侶は教えを一方的に説きがちだが、受け入れてもらえないと、いい教えも響かない」と宗元住職。「まずは、その人の言葉を100パーセント受け止め、自分と向き合えるようになってもらうのが出発点」と話す。

## 兼業でなく専業でお寺を守りたい

宗元住職は大手通信会社を辞めて帰郷し、二〇一一年に父を継いで十五代目の住職になった。門信徒が減少して生活は厳しく、寺を開放し地域内外から人を呼び込もうと、翌年四月に宿坊を始めた。

「兼業にすると、もう一つの仕事に引っ張られてしまう。だから、兼業はしたくなかった。過疎地のお寺を専業で維持していこうと考えた時に何ができるか。一つの社会実験だとも思って取り組んでいる」

二年目からは日帰り体験もスタートし、鳥取県東部を中心に高齢者サロンや子ども会など年間約千人が宿泊客とは別に利用する。

一方で、伝統的に営まれてきた、お寺の法務も大切にする。「お経と法話には全力を尽くす」のがスタンスで、朝方まで宿泊客と話し込んだ翌日も、法事などの法要で決して手は抜かない。「お寺が経営的に自立していけば、高齢の門信徒さんに負担をかけず、お寺を守れる」と、宿坊での収入を庫裡や本堂の修繕に充てる。

宗元住職は「お寺に行きたい人が、こんなに多いとは思わなかった。お寺は心の受け皿として求められている」と実感し、さらなる輪の広がりを目指す。

# 違いより一緒にできることに意義を見出す各宗僧侶の活動

●混声合唱団「コール・スガンディ」（広島県西部）
●「お坊さんカフェ」（島根県東部）
●広島仏教学院「宗派間トークセッション」（広島県広島市）
●インターネット寺院「虚空山彼岸寺」

## 合唱団の宗派を超える広がり

宗派を超えて互いの教義を理解し合ったり、協力して仏教を伝えたりする動きが中国地方で広がっている。いずれも、知恵を結集し、仏教や寺院の活性化につなげていこうとする意義深い取り組みだ。広島県西部の浄土真宗本願寺派の僧侶や門信徒たち二十五人でつくる混声合唱団「コール・スガンディ」は、カトリックの合唱団との合同コンサートを開き、他宗派のお寺でも公演するなど活動の幅を広げている。

二〇一六年四月半ば、真言宗の各派や禅宗を中心とする岡山県総社市仏教会の招きで同市の真言宗御室派備中国分寺を訪ねた。花まつりを祝うコンサートで仏教讃歌を披露するためだ。

《♪のんののさまほとけさま　わたしのすきなかあさまのー》

メンバーの十八人は十四曲を歌った。五重塔を備えた伝統ある境内の客殿で、阿弥陀如来の絵像を安置しての公演。子どもたちにおなじみの仏教讃歌「ほとけさま」の合唱のほか、三帰依、念仏などを組み合わせた音楽礼拝も営んだ。

混声四部のうちアルトを担当した明福寺（広島市安佐南区）の坊守、今津證子さん（六十三歳）は、「他宗派の方とこうして触れ合う機会は日頃ない。一緒に口ずさんでくださる方もいてうれしかった。よい経験をさせてもらえた」とほほ笑んだ。

会場いっぱいの約七十人が聴きに訪れた。真言宗御室派寺院の檀家で、総社市に住む会社役員の女性（六十六歳）は仏教讃歌を初めて聴き、「仏教が大好きでお寺に通っている。澄んだ歌声が身に染みて心が洗われ、幸せな時間を過ごせた」と喜んだ。

## 仏教讃歌による宗教者らのコラボ

このコンサートは、総社市仏教会の事務局を務める真言宗御室派勝福寺の江原義空住職（四十三歳）が、コール・スガンディの歌う「ほとけさま」をユーチューブで聴き、歌声に感動。「教義は違うが、人々を幸せに導きたいという思いは仏教共通」と、花まつりでの公演を依頼した。

三十カ寺余りが加盟する同仏教会に浄土真宗の会員寺院はない。関係する宗派以外のゲストを招いたのは初めてだが、反対する声は全く出なかったという。阿弥陀如来の絵像の会場への安置や、浄土真宗

20周年を迎えた浄土真宗本願寺派の僧侶と門信徒によるコール・スガンディ

ゆかりの仏教讃歌をプログラムに取り入れることも快諾した。

同仏教会会長で、臨済宗東福寺派興禅寺の平松秀昭住職（七十四歳）は、「仏教の根本はお釈迦様の教え。われわれの宗派での坐禅のように、音楽を聴きながら自分の心を見つめる時間もまたよかった」と聴き入った。

一九九七年結成のコール・スガンディは、心地よい響きが多くの人に広がるよう願い、「よい香りの」という意味の古い仏教用語から名付けられた。現メンバーは三十〜六十代の男女。合唱経験者のほか、音楽が好きで入団した人もいる。

メンバーは広島市中区の保育園で週一回練習する。出演依頼を受け、お寺の法要への参加、病院や福祉施設でのボランティア公演など活動は多彩だ。仏教讃歌を収めたＣＤも二〇〇六年と二〇一五年にリリースした。

カトリック・イエズス会系のエリザベト音楽大学（中区）の合唱団と共演するコンサートは二〇一三、一五年に開いた。宗教音楽を歌うつながりによるコラボ。

それぞれのステージに加えて平和への願いを込めた曲で共演す

るなど、歌声の交流を深めている。

コール・スガンディは二〇一七年に二十周年を迎えた。同代表で海宝寺（中区）の長門義城住職（四十五歳）は「他宗派の方との交流は、普段のお寺の活動では築けない貴重なご縁。これも仏教讃歌を長年歌い続けてきたからこそだと思う。これからも宗祖の教えを大切に活動していきたい」とさらなる飛躍を誓う。

## 真宗と禅宗と日蓮宗のカフェ

松江市では、島根県東部の超宗派の僧侶による「お坊さんカフェ」が好評だ。

地元の観光協会と旅館ホテル組合が、観光客や市民に仏教を通じた癒やしをと、松江市の松江城周辺施設で毎月催している企画。坐禅や法話を聞く体験のほか、僧侶とも自由に懇談でき、女性たちに人気が広がる。

松江城周辺があんどんなどでライトアップされた「松江水燈路《すいとうろ》」の二〇一六年十月十五日夜、二の丸にある太鼓櫓で僧侶三人が法話をした。松江観光協会の職員たちに誘われ、行き交う人が入れ替わり入ってくる。この日の講師はいずれも松江市にある、曹洞宗法船寺僧侶の上野泰裕師（四十五歳）、浄土真宗本願寺派順光寺の瀧《ながたに》純吾副住職（四十一歳）、日蓮宗慈雲寺の小川廣延住職（四十二歳）。

「ご恩」をテーマにした小川住職は、仏教でいう四恩について説明し、「父母の恩はすべてのご先祖を指す。この恩に報いるため命を精いっぱい輝かせて生き抜きたい」と説いた。上野師は、禅僧が感謝を

お坊さんカフェで訪問者と話す曹洞宗法船寺の上野泰裕師（左）

込めて食前に唱える「五観の偈」を紹介し、「食事も今の自分を振り返る、一つの修行」と語りかけた。

法話はそれぞれ十分ほどの短いもので、午後七〜九時の間に、三人が一回ずつ担当した。法話の合間は、車座トークとして、参加者が話したい僧侶と自由に対話した。松江市内の女性（四十六歳）は「人間関係で悩んだとき、相手を責めるより、自分の中で消化したほうが楽になるという言葉が響いた」と受け止める。

一緒に訪れた同市内の会社員の女性（四十六歳）は「身近な人から同じことを指摘されると反発してしまうが、お坊さんだと言葉が心にすーっと入ってきて素直になれる」と喜んだ。

## お寺で待つだけの受け身ではなく

お坊さんカフェは二〇一四年一月に始まった。僧侶がお盆のお参りで忙しい八月を除き、月一回続けている。この日は水燈路に合わせた特別編としての企画だったが、いつもは城近くの松江歴史館での坐禅、城敷地内にある喫茶室を会場にした写経で仏教に触れ、お茶やコーヒーを楽しみながら僧侶と懇談する。

開催は松江市内の温泉旅館で若おかみを務めている石飛順子さん（四十五歳）が、小中学校の同級生だった上野師に話を持ち掛けたのがきっかけだった。出雲大社の遷宮に伴って女性団体客が増えたのを受け、坐禅や写経で自分磨きをするプログラムを提供できないかという提案だった。

「若い方は、仏教というと葬儀や法事などの死のイメージを抱きがち。だが、実際はよりよく生きるヒントを教えてくれる」と上野師。魅力を伝える好機と捉え、快諾した。カフェには三十、四十代の僧侶五人が協力し、都合のつくメンバーが講師を務める。

毎回の参加者は十～十五人程度で、三十～五十代を中心に女性が約八割を占める。旅行客も全体の二割ほどいる。松江観光協会の兼森一将さん（四十六歳）は「癒やしを求めてくる若い女性が多く、お寺、観光の双方にメリットがある取り組み」と話す。

カフェ参加を機にお寺を訪ねるようになった人もいる。上野師は「お寺でただ待っている受け身ではなく、積極的に機会をつくっていくことが大切だと分かった」とし、「いろんな質問を投げ掛けられ、私たち僧侶も研鑽を積める刺激的な時間」と触れ合いを楽しむ。

## 宗派間トークセッション活動

他宗派の僧侶との対談形式の公開講義「宗派間トークセッション」に取り組むのは、浄土真宗本願寺

曹洞宗の吉村昇洋師（右）と浄土真宗本願寺派の浅野執持師による宗派間トークセッション。大好評のうらに宗派を超えた共通点が浮き彫りに…

派認可の「広島仏教学院」（広島市西区）だ。自らが信じる宗教を客観的な視点から見つめ直し、宗教間で互いの価値観を認め合う機会にと、二〇一六年から始めた。

僧侶に必要な基礎的な真宗学を教える広島仏教学院は、僧侶や門信徒が専門的に真宗学を学ぶ私塾、真宗学寮に併設されている。トークセッションは「宗教概論」の講義を担当する、同学院講師で浄土真宗本願寺派万福寺（愛媛県今治市）の浅野執持副住職（四十五歳）のアイデアだ。

二〇一六年六月二十二日に二回目があり、曹洞宗普門寺（広島市中区）の吉村昇洋副住職（三十九歳）と浅野副住職が約一時間半にわたって対談し、一般聴講を含めて約五十人が参加した。

まず話題になったのは、曹洞宗の大本山永平寺（福井県吉田郡永平寺町）での二〇〇二年から二年余りの修行だ。吉村副住職は早朝に起き、坐禅、勤行、作務と決められた生活を繰り返す日々を紹介し、「修証一等。修行そのものが悟りの姿」と説明した。精進料理については「野菜一つも、仏様を扱うように無駄にすることは許されない」と述べた。

念仏、坐禅の在り方をめぐっては浅野副住職が「念仏は阿弥陀様のお慈悲にすべてを委ね、自分の計らいをそこに交えない」と切り出し、吉村副住職は「自分の計らいがあると空回りする。自らの思いや計らい、体の力みを手放し、仏のはたらきに身を委ねることが曹洞禅」と返した。

参加者は吉村副住職の指導を受け、畳やいすの上での坐禅にも挑んだ。広島市佐伯区の男性（五十六歳）は「禅は自力で悟りを開いていく宗教と思い込んでいたが、浄土真宗と似た面もあると分かり発見があった」、東広島市の女性（五十三歳）は「厳しい修行だと感じた。宗派間の共通点や違いを知ることで、浄土真宗の学びが深められそう」と話していた。

仏教学や真宗学などを広く教え、僧侶を養成する広島仏教学院は一九二三年にでき、現在の生徒は、卒業生たち聴講生を含めて約三十人。毎週一回の宗教概論では、さまざまな宗派の歴史や特徴などについて、教科書をもとに学んでいる。トークセッションは、他宗派の僧侶の生の声からその生活や考え方に触れ、学びを深める狙い。二月の一回目は浅野副住職が浄土宗の僧侶と対談した。

違う宗派の僧侶同士が対談する取り組みは全国的に見ても珍しく、吉村副住職は「同じ仏教でも、互いに知らないがゆえの思い込みがあり、こうした対話は理解のための勉強になる」と捉える。浅野副住職は「信じる教えを重んじるあまり、他の宗派を否定してしまいがち。違いと共通点を見出して、相互理解につなげたい」と話す。十二月には日本基督教団の牧師とも対談した。

## 僧侶結集インターネット寺院

ところで、吉村副住職は、超宗派の全国の僧侶たちが、幅広いテーマで連載やコラムを執筆する「虚空山彼岸寺」というインターネット上の寺院にも参加する。

彼岸寺のホームページ（ＨＰ）では、編集部のコラム「日日是好日」など多様な連載があり、吉村副住職は「禅僧の台所 ― オトナの精進料理」に寄稿する。二〇〇五年十一月から書いている。永平寺で修行し、精進料理の基礎を学んだ経験を基に、ズッキーニの冷製スープや新ショウガのきんぴらなど、これまでに不定期で百品近いレシピを公開。コラムも時折、交えている。

「一般の方が僧侶に出会うとすれば、お葬式や法事。彼岸寺は、そうした場とは別に、若いお坊さんたちが自分たちの目線で自由に仏教を発信できる貴重なツール」と吉村副住職。彼岸寺の執筆がきっかけで、出版やラジオ出演など仏教を伝える機会が増えたという。

インターネット寺院は宗教法人ではなく、建物もお布施もない。超宗派の僧侶たち仏教徒九人でつくる編集部が、ネットやメールを通じてコミュニケーションを取りながら管理、運営している。

彼岸寺は浄土真宗本願寺派光明寺（東京都港区）の僧侶、松本紹圭師（三十七歳）が二〇〇三年に始めた個人ブログが前身。当時はまだ、こうした取り組みが珍しい頃で、松本師は「お寺は閉じた社会で、外から見えにくいともいわれる。新時代のつながりを考える時、インターネットは外せないツールだった」と振り返る。

連載執筆者は口コミで輪を広げてきた。僧侶だけでなく、仏教好きの市民も加わる。所属宗派は浄土宗、真言宗など幅広く、仏教で結束する。年齢は二十～三十代が中心だ。

浄土真宗本願寺派恩栄寺（石川県加賀市）の僧侶で編集長の日下賢裕師（三十七歳）は、「お坊さんがネットで情報発信する一つのターニングポイントになったと評価をいただいている」とし、「元気のあるお坊さんを応援し、彼らの活動を広く知ってほしい。お寺に行ってもらうご縁づくりとしても役立ちたい」と力を込める。

かつて、吉村副住職が彼岸寺で精進料理や坐禅会を告知したところ、九州方面からの参加者もいた。「従来の手法で出会えなかった人とこうしてつながれるのも、インターネット寺院の大きな魅力」という吉村副住職は、「精進料理は作法一つ一つに意味があり、実践も大切。彼岸寺での出会いをきっかけに実際のお寺を訪ね、生の仏教と触れる人がもっと増えてほしい」と願う。

# 敷居を低くしてお寺や仏法との縁づくりを企画する僧侶たち

●西方寺（広島県呉市）猪野依子住職「念珠の会」
●西教寺（広島県呉市）岩崎智寧住職「白道会大会」
●「広島青年僧侶春秋会」（広島県西部）

お寺には中高年以上の女性のお参りが多い半面、男性や若い層が少ない。仏教に関心を持ちつつも、「法座は敷居が高くてちょっと」と、ちゅうちょしている側面を取材の中でも感じる。こうしたことから、お寺と縁遠い世代が訪ねてきやすい法座をと、ターゲットを絞った取り組みに力を入れているお寺を紹介する。

## 母親が何でも話せる念珠の会

広島県呉市の浄土真宗本願寺派西方寺では、同じ敷地内にある幼稚園に子どもを通わせる母親たちを対象に、「念珠の会」と銘打った法座を毎月一回開いている。子どもへの愛情からつい叱りがちになる母親の思いを理解し、それを受け止める女性住職らしい取り組みである。日頃のイライラをリセットし、心の内にしまい込んだ悩みを打ち明け合う癒やしの場は、参加する女性に喜ばれている。

二〇一六年九月末の午前中に開かれた念珠の会を訪ねた。この日は園児の母親四人が西方寺の本堂に集まった。お経本を手に、猪野依子住職（四十九歳）と一緒に十二礼を読経し、一人ずつが仏前に焼香、合掌した。

自らも年長の長女を育てている猪野住職。お勤めに続く法話では、「母親には二パターンがあります。『早く寝る』『何でも食べる』と、自分がいい子だと思う価値観に合わせて育てるタイプと、その子のありのままに寄り添う人がいる」と話し、「私たちを見捨てずに見守ってくださる、阿弥陀様のお慈悲の心を学ばさせていただき、子どもの心に添うおふくろになれたらと思う」と、理想とする母親像を説いた。「座談会」と銘打って思いを語り合う場は、猪野住職と参加者が車座になる。二分間、目を閉じて自らの心と向き合った後、順に口を開く。テーマ設定はしていないため何を話してもよく、その時々で、世間話や悩み事など内容は多岐にわたる。

「子どもは、できることがいくら増えても心の成長がイコールじゃない。親離れさせようとして寂しい思いをさせてしまった」「子どもの話をウンウンと聞ける寛容な母親になりたい」「すぐに泣き出してしまう我が子が心配」

お茶やお菓子を手に、それぞれが思いのままに胸の内を打ち明けた。

三人の男の子を育てている市内に住む主婦（四十二歳）は、小学四年生になった次男の在園時から念珠の会に参加し始めた。現在は年長の三男の母親として参加し、「何か答えが欲しいのではなく、共感してもらえるので心がすっきりする」と楽しみに通う。

西方寺の猪野依子住職が同寺幼稚園児の母親を対象に開く「念珠の会」

ともに念珠の会に通った保護者とは、子どもが卒園して違う小学校に通い始めた後にも、ランチをともにするなどして、交流が続いている。

女性は市内の別の本願寺派寺院の門信徒だが、これまではお寺と縁が薄かったという。

「やさしく法話をしてくださり、すーっと入ってくる。お寺が気軽に行ける場と思えるようになった」とほほ笑む。

## 母親とか嫁とかよろいを脱げる場

二〇〇四年から続く念珠の会は西方寺幼稚園の保護者が主な対象だが、誰でも参加できる。始めた当時から、猪野住職は同幼稚園の園長。お寺では、前住職で父の故・弘経さんの元で僧侶として勤めていた。

「園児たちを褒めたり叱ったりする中で、私自身が、平等に保育できているだろうかと神経質になっていた。家事や育児に追われている母親もきっと、同じような迷いがあると思った」と猪野住職。

「仏教は自分が許されていく世界。母親、嫁という、よろいを脱いだ素の自分になってもらえる場所にしたかった」と振り返る。

念珠の会は、母親が家を出やすいようにと、平日の午前十時から正午に開いている。毎回、五、六人が訪れる。日頃はお寺と縁遠い母親が多いため、参加者の希望を聞き、分かりづらい仏事作法について解説することもある。

夏休み明け前後には毎年、「すずむし法話会」という名称で卒園児の母親向けの会も企画する。夏休みの子育てで疲れた心を和ませる場にとの思いからで、二〇一六年は九月初めに開いた。

念珠の会は毎月、幼稚園の保護者に日にちを告知し、自由に参加してもらう。猪野住職は「阿弥陀様のぬくもりに触れて、手を合わせた時の心の温かさを覚えていると、何かの時にお寺参りをしようと思ってもらえるのではないでしょうか。それで仏法が広まるきっかけにもなってほしい」と願う。

## 一寺院で百年も続く白道会大会

広島県呉市の浄土真宗本願寺派西教寺は、日頃は仕事などでお寺と縁の薄い男性が仏縁に遇うきっかけにと、「白道会大会」と銘打った法座を百年も続けている。著名な講師を呼ぶことで門信徒の関心を高め、輪を広げてきた。

二〇〇三年からは、参加しやすさを考え、法座の日程に合わせた一般向け講演会を日曜日の昼間に開

門信徒で満堂となる西教寺蔵本通支坊の「白道会大会」。講師は山崎龍明師

催。長年の努力と工夫が実り、大会では男性の姿が目立つようになった。

西教寺は市内に本坊と二支坊がある。白道会大会は市中心部の蔵本通支坊を会場に続けてきた。

百周年記念大会は二〇一六年八月下旬の日、月曜日に開催。世界宗教者平和会議（ＷＣＲＰ）日本委員会理事で、本願寺派法善寺（東京都小平市）前住職の山崎龍明師（七十三歳）が、講演会に加え、初日夜と二日目に計三座営まれた法座の講師を務めた。

いずれも「浄土の真宗は証道いま盛んなり」が演題。

山崎師は講演会で、「阿弥陀様の教えに生きる私たちはみな横一列。地位、学歴、財産に関係なく等しい命をいただく存在であることを忘れないで」と強調した。

戦争と平和に関することや自死、虐待、差別、貧困など現代社会の問題点を列挙し、「それぞれの立場で、言わないといけないことを言える社会が健全。見て見ぬふりをするのではいけない」と教えに基づいた実践の必要性も示した。

講演会は約百三十人で本堂が満席になり、男性は二〜三割。地元の会社員男性（六十三歳）は、勤務の関係で平日はお寺に行けないが、聴聞に熱心な母親から講演会の券をもらい、それを縁に参加するようになった。

「法話を聞くと安心感を感じられ、自分がどう生きるべきかを考えるきっかけにもなる」と話す。呉市内の別の会社員男性（五十二歳）は「現役世代もみんな何か悩みを抱えている。生き方、物のとらえ方など、哲学的な面で共感できた部分があった」と法話をかみしめていた。

## かつては四日間で八座も開いたが

白道会大会は一九一五年、当時の総代長で呉市長だった沢原俊雄氏が発案したと伝わる。「白道会」の名称は、浄土に往生したいと願う人の道を例えた、仏教語の「二河白道《にがびゃくどう》」にちなんだ。火の川と水の川の間にある一筋の白い道が、念仏一筋の生き方を表す。

講師は宗派の勧学のほか、浄土真宗で有名な僧侶に頼む。教学を深め、一般市民向けに分かりやすい話ができることを考慮して人選し、時期は、講師の時間が取りやすい八月に設定する。かつては法座だけで、四日間にわたって八座開き、二百五十人以上が参っていた時期もあった。近年は参加者が少なくなって座数を減らしてきた。

減少傾向だった約二十年前、蔵本通支坊を父から継いだ西教寺の岩崎智寧住職（五十三歳）はその後、仏教壮年会の集まりで総代から叱咤激励されたという。「お寺の中だけで、ちまちまやっていてもつまらん。もっと社会に開いたお寺になるべきだ」

門信徒以外に輪を広げるため、大会の一環として二〇〇三年に講演会を加えた。

お寺の一般的な法座の場合、お参り時に支払う金額が定まっていない喜捨であるケースが多いが、お寺参りの習慣のない人にとっては「いくら持っていくべきか」と悩みの種にもなる。そのため、講演会は参加費五百円の一律にし、白道会を支える年会費三百円を払っている会員三百八人は割り引く仕組みにした。

「核家族化が進み、家の中に仏壇がある家が減った。世代を超えて家の中で自然に、仏教と親しんできた文化が途絶えつつある」と危機感を募らせる岩崎住職。「仏法にあうと、いのちを考え、迷いの中にいる自分に気付かせていただける。仕事に追われる忙しい方も年に一度はお寺に参り、阿弥陀様のお心に触れてほしい」と願う。

## 坊主バーもある青年僧の会

広島県西部の浄土真宗の若手僧侶約九十人でつくる「広島青年僧侶春秋会」は、長年続けてきた「仏教文化講演会」を一新し、二〇一六年は世代別の三つの布教イベントを開いた。

夏から、子どもには稲作を通じて自然の恵みに親しんでもらい、若者とは深夜の「坊主ＢＡＲ《バー》」で僧侶が交流。一年間の活動の締めくくりとして十二月には、広島市中区の本願寺広島別院で、大人から子どもまでが集い触れ合える報恩講を営んだ。

子ども向けのイベントは「田んぼでまなぼう！　いのちラボ」と題し、公募した小学四〜六年の約三十人が五月から三回、田植えや稲刈り、脱穀に加え、里芋の苗植えと収穫を体験した。

会場は、広島県熊野町の西光寺の裏にある農地約五アールの一角を門信徒から借りた。

実った稲は十月下旬に手刈りした。春秋会メンバーで同寺の猪野一乗住職（三十四歳）が鎌の使い方を教え、子どもたちは六、七人ずつ四班に分かれて作業。刈り取った稲は、その場で束にしてさおに掛けて干した。

稲刈り前には、同寺の本堂で十二礼をお勤めし、昼食を挟んで法話を聞いた。講師はメンバーで西念寺（三原市）の深水謙昭副住職（三十七歳）。

「私たちは多くの命の犠牲の上に生きている。牛、豚、鳥……。どの生き物も誰かが殺し、皆さんの口に入る。人は命をいただかずには生きていけない」と食べ物への感謝の心を説いた。

稲刈りを初めて体験した隣町の海田町の小学四年、秋本凌佑君（十歳）は、

「わらで稲束を結ぶ作業に苦労し、大変な仕事だと思った。肉も魚も野菜も、僕たちは命をいただいていると教わり勉強

広島青年僧侶春秋会による子ども向け稲刈り（10月下旬）

になった。食事は心を込めて残さず食べたい」と話していた。

子ども向けのイベントを担当した西昭寺（広島県坂町）の河野法誓住職（三十七歳）は、「命というと、親、子、友達と自分の周りをイメージしがちだが、稲に付く害虫も含めて命は無限につながっている。その中で自分が生かされていることを少しでも実感してもらえたのではないか」と振り返る。

世代別イベントは、四十歳までの若手僧侶で一九五八年に発足した春秋会が、一九六一年からほぼ隔年で続けてきた講演会の新バージョンだ。これまでは小説家や宗教学者を招いたり、ライブを開いたりする形式だったが、二十一回目の二〇一六年は「より深くお念仏でつながる」をテーマに趣を変えた。

## 僧侶自身が仏教の可能性を感じて

若者向けの坊主BARは、広島市中心部の繁華街にある中区薬研堀《やげんぼり》の店舗を夜に借りて二〇一六年六月から始め、八月を除いて十一月までに月二回程度開催。計十二回で、三十〜五十代を中心に約四百人が訪れた。オリジナルカクテルなどで僧侶がもてなし、恋愛や職場の人間関係などの悩みや愚痴に寄り添った。大勢が来店する反響に、メンバーは仏教の可能性を実感したという。

このほか、東広島市の酒蔵を巡ってお寺で法話を聞くバスツアーを企画し中高年層約四十人が参加した。インターネット世代を意識し、無料通信アプリＬＩＮＥ（ライン）で自由に使えるデザイン画「スタンプ」も仏教をモチーフに作った。

二〇一六年十二月初めに本願寺広島別院で営んだ報恩講は、各世代がお寺でつながれる場にと企画。

坊主BAR、和菓子作りの体験のほか、音楽ライブもあった。午後五時からの法要では、照明で浄土空間を演出した本堂で、春秋会メンバーと正信偈を唱えた。子どもたちが育てたお米は仏飯として供えた。里芋はお斎《とき》の料理に使って来場者に振る舞った。

実行委員長で真宗寺（海田町）の小川智行副住職（三十五歳）は、「幅広い世代が集い、親鸞聖人の明らかにしてくださったお念仏をともに喜べた。仏教は現代も求められており、工夫次第で人は集まると感じた」と取り組みの意義を振り返っていた。

# 寺院の社会貢献と平和活動

# 勇気を持って病院に通い続ける僧侶に医師や患者が求めること

●延命寺（広島県広島市）徳永道隆住職
●公開講座「いのちの終わりを見つめ合う」
●善福寺（鹿児島県鹿児島市）長倉伯博住職

## 緩和病棟の患者を訪ねる住職

僧侶が病院の緩和ケア病棟に入って、人生の最期を間近にしたがん患者たちの苦悩に寄り添う活動が少しずつ広がっている。つらい「みとり」に立ち会う家族や医療者の心もケアする意義深い取り組みだが、医療現場で僧侶を受け入れる雰囲気はまだ薄い。僧侶の能力や役割を理解してもらうには、医療者と信頼関係を築き、地道な活動を続けていく必要がありそうだ。

医師、看護師、作業療法士、ソーシャルワーカー、そして僧侶……。広島県立広島病院（広島市南区）の緩和ケア病棟で開かれるカンファレンスには多職種の担当者が集う。患者の苦痛を和らげ、有意義な時間を過ごしてもらえるように情報を共有し、適切なケアに生かすためだ。

浄土真宗本願寺派延命寺（広島市佐伯区）の徳永道隆住職（四十八歳）は毎週水曜日、ボランティア

広島県立広島病院でのカンファレンスに出る徳永道隆住職（右から２番目）

としてこの病棟を訪れ、隔週で開かれる、このカンファレンスにも参加する。

この日は、悲嘆に沈む患者の若い頃の写真を看護師が話題にしたところ、話が弾み、患者に笑顔が見えたと報告があった。徳永住職は、「痛みと闘う患者さんが一人で人生を回想するのは難しい。写真を通し、自分の人生に肯定感を持てたのではないか。看護師さんの対応は尊い」と発言した。

徳永住職が同病院に通い始めたのは二〇一〇年秋。その二年前、こうした活動に他県で先進的に取り組む僧侶の講演を聞き、「みなさんが苦しんでいる場に飛び込んでいない自分の、ふがいなさを突きつけられた」と感じたからだ。

しかし、緩和ケア病棟を備える県内の病院約十カ所にボランティアを申し出たが、断られ続けた。

「布教活動をされては困る」「みなさん、生きておられますから」

医療現場での僧侶への見方を肌身で感じた。そんな時、緩和ケアの研修会で出会った医師が勤務する県立広島病院へ招いてくれたのだ。

徳永住職は、医師を通じ、希望する患者と面会もする。これまで二十人余りと接した。患者の人生に耳を傾けたり、何もいわず手を握り続けたり。寄り添う理由を尋ねる患者には、「あなたが気になるから」と返した。七十代の女性患者から「ベッドサイドで『大丈夫』と安心感を与えて」と、自分たちの役割を教わったこともある。

徳永住職が接した患者のうち、「死が怖い」と訴える八十代の男性とは、その半生をともに振り返った。原爆で兄弟や両親を亡くしたことや、仕事、結婚、子育てを回顧した男性は「わしは今までよくやってきたと思う。最後にお金のかかることをしたくないし、近所の人にも迷惑をかけたくない」と漏らしたという。徳永住職が、「とても頑張ってこられたことが感じられます。本当にすごいですね」と返すと、男性は「そう思ってくれるか。よかった」と喜び、数日後に亡くなった。

「何かしらんが涙が出る」という五十代の男性患者と妻との会話を仲立ちしたこともある。「わしは好き勝手やってきた。酒、ゴルフ。たばこ……。それでもウチのは何も文句を言わずに放っておいてくれた」と話す男性に、妻は「私にとって結婚はボランティアでしたが、楽しいボランティアでしたよ」。徳永住職は「ご主人は愛されているのですね」と相づちを打ったという。

## 死に向き合う人に寄り添って

ＮＰＯ法人日本ホスピス緩和ケア協会（神奈川県足柄上郡）によると、苦痛を和らげる緩和ケアは欧米が先行した。日本では、がん告知が一般的になるなどし、一九八〇年代初めから専門病棟ができ始めた。国へ届け出ている施設は全国に三百六十（二〇一六年二月十五日現在）あり、十年前の二倍。キリスト教の聖職者がいる病院は珍しくないが、仏教の僧侶はまだ少ない。

二〇一六年春まで県立広島病院の緩和ケア科に勤めた福山市民病院（広島県福山市）医師の岡崎正典さん（五十四歳）は、徳永住職を引き入れた医師とともに当初から関わった。

「医療者は体の痛みに対応できても、死に向き合う恐怖など魂の痛みまでカバーしきれない。こうした面での引き出しが多い宗教者は欠かせない」と評価する。

「多職種で共同して患者や家族のケアに当たるのが緩和ケアの神髄」と岡崎さん。「欧米では緩和ケア病棟に宗教者がいるのは当たり前。だが、日本で仏教というと、葬儀など死のイメージが強く、病院では『縁起でもない』と拒絶反応を示す人がまだ多い」という。僧侶としての徳永住職のような活動は仏教界で「ビハーラ活動」と呼ばれる。「休養の場」「僧院」などを意味するサンスクリット語を当てた慈悲の精神の実践を表す。布教を目的にした活動とは一線を画す。

「ビハーラ活動は、仏による慈悲の心を何らかの形で施すことであり、医療者や患者、家族から、いのちについて学ぶことでもある」と、活動を通じた、布施と学びとの自然な循環を実感している。

徳永住職は県立広島病院に加え、県内の別の二カ所にも二〇一六年春から通い始めた。活動を知った、入院中の門信徒が病院に呼んでくれることもある。

「安芸（広島県西部）の地では戦前、僧侶がみとりの場に呼ばれることが自然だったと聞く」と話す徳永住職は「亡くなって関わるだけじゃなく、終末期の苦しい時から接して、『生まれてきてよかった』と、ともに人生を味わって差し上げたい」と僧侶の役割を見つめ直している。

## 病院に僧侶が関わる意義とは

こうした活動を続ける徳永住職も参加して、緩和ケアに携わる医療従事者と仏教者が、死にゆく人たちにどう寄り添うかを探る公開講座「いのちの終わりを見つめ合う」が二〇一五年十月初め、本願寺広島別院（広島市中区）であった。

がん患者たちの苦痛を和らげる緩和ケアで仏教者の出番はまだ少ないが、中国地方でも、徳永住職のように病院で傾聴活動をし、喜ばれている僧侶もいる。講演やパネル討論を通じ、仏教が役立っていける可能性を共有した。

基調講演は、鹿児島県内の病院で緩和ケアに約二十五年携わる鹿児島市の浄土真宗本願寺派善福寺の長倉伯博住職（六十三歳）が、「どうして坊さんが病院に？」と題して登壇。一九九八年に医療者たちと、「鹿児島緩和ケア・ネットワーク」を設立した経緯や、僧侶が関わる意義を報告した。

長倉住職は、早く死ぬため医師と看護師を説得するよう七十九歳の患者に頼まれた話を紹介。母を三歳で亡くし、継母にかわいがられた昔話を聞き、「二人にまもなく会えますね。褒めてもらえるよう生きてみませんか」と声をかけた。患者は弱音を漏らさなくなり、一週間後、「私、頑張ったでしょ」と看護師に話して息を引き取ったという。

がんなどで余命を宣告された患者は、体だけでなく、心の痛みを診断時から抱える。日常的に患者の死と向き合う医療従事者の心のケアも日々求められる。長倉住職は「この活動は理屈ではない。ただうなずいて聴くことが大切」と説いた。

続いて、広島県緩和ケア支援センター（広島市南区）のセンター長で医師の本家好文さん（六十七歳）が「人生の終末期に寄り添う」をテーマに講演。患者を長く生かし、最後に死亡診断するだけが医師の役割でなく、現代医療で治せない患者や、その家族を心の面からサポートする重要性を指摘した。

医療現場で医師に「死んだらどうなるか」「生きていても意味がない」と漏らす患者もおり、本家さんは「宗教者がみとりに参加する意味はある。お寺で待たず、地域社会を支える一翼を担ってほしい」と主張した。

パネル討論は長倉住職と本家さんを含む四人が意見を述べた。宗教者が病院に受け入れられにくい実情について、ＹＭＣＡ訪問看護ステーション・ピース（広島市中区）の訪問看護師、渡辺友規さん（三十八歳）は「何をしたくて何ができるかを病院側にきちんと伝えれば、バリアーは低くなるのではないか」と述べた。

徳永住職は、県立広島病院の緩和ケア科にボランティアで週一回通う自らの活動を紹介しながら、「病人に寄り添うことはお釈迦様の教えに立ち返るいとなみであり、患者さんから教わること

本願寺広島別院での公開講座「いのちの終わりを見つめ合う」

も多い」と話した。

## 終末期医療者も支える僧侶に

公開講座は、浄土真宗本願寺派安芸教区の「ビハーラ安芸」が初めて開き、約三百人が参加。会場が満席になるほど関心は高く、末期がんの友人へどう寄り添うかなどの質問もあった。

同派では、ビハーラ安芸など教区単位にある僧侶や門信徒のグループが、こうした講座や、高齢者福祉施設などでの傾聴活動に取り組む。同派は、長倉住職や徳永住職のような緩和ケアで活動できる僧侶の育成に研修などを通じて力を入れる。僧侶は患者の話を聴くより、教えを語ってしまう傾向が強く、ノウハウを身につけてもらう場が必要という。

公開講座の開催を提案した徳永住職は、「広島では病院で活動する僧侶たちがまだ少なく、病院側もどんな活動かのイメージができない。今回の取り組みを、医療者と僧侶が連携を深めるきっかけにしたい」と、活動の広がりを願う。

パネル討論に参加した本家さんは、二〇〇四年から二〇一四年まで県立広島病院の緩和ケア科で主任部長を務め、この分野の第一人者だ。宗教者への期待や、僧侶を受け入れる医療現場側の課題を聞いた。

医療現場で死をどう捉え、みとりと向き合ってきたかについて、

「医療者が教育を受けるのは病気の成り立ちや診断、治療法などの科学。死に関する思想的なことは教わらない。かつては医療者にとって死は敗北と考えられたが、医学がどんなに進んでも人は死ぬ。実際、

日本では年に約三十六万人もがんで死亡している」と現状を語る。

その上で、「緩和ケアは、苦痛を取り除いてその人らしく生きてもらうことが目標。個人を尊重し最期まで寄り添う姿勢を大切にしている。広島県では二〇〇〇年以降整備が進み、緩和ケア病棟は十一カ所に二百一床と増えた」と、緩和ケアの重要性が高まってきていると述べる。

緩和ケア病棟での僧侶の活動に関して、本家さんは、

「ありがたい。患者に病名を知らせなかった頃と違い、今は告知が一般的な時代になった。自分が弱っていく中で、疲れた家族や、忙しそうな看護師を見て、何のために生きているかが分からなくなる患者もいる。医療者として寄り添う努力をしているが、死への不安や生きてきた意味を問われると、答えに悩む。こうした問いかけに動じない宗教家に苦悩やつらさを聞いてもらえれば、患者の心が軽くなるのではないか」と期待を寄せる。

## 「縁起でもない」と思われないために

一方で、日本では僧侶の受け入れに戸惑う病院が多いのも現実だ。「日本の仏教は葬儀や法事など亡くなってからのイメージが強く、『縁起でもない』となる。医療者にとって、僧侶は葬儀や法事でしか出会ったことがない人で、病院で何をしたいのかが分からず、戸惑う。院内で布教される懸念もある。特定の宗教を前面に出しての活動は抵抗感が強い」と本家さんは言う。

そうした溝を埋めていくプロセスについて「患者さんに会う前提でなく、病棟を支える姿勢を大切に

してほしい。その一つがカンファレンスでのスタッフケアだ」と強調。

「死への不安を抱える患者さんから体の拭き方などで責められて悩んだり、患者の死後、喪失感から悲嘆に暮れたりする看護師もいる。そんな時僧侶から、ケアが間違っていないと言ってもらえると、前向きになれる。県立広島病院では実際、ボランティアの僧侶にこうして支えていただいている」と本家さんは話す。

僧侶の活動を医療者に認めてもらうには、医療現場に入っていく僧侶の心構えも大切だ。

「自分のしたいことを一方的に伝えず、お役に立てることはないですか、というスタンスが望ましい。医療者は患者への責任があり、院内のルールもある。安心して任すには、気心の知れた信頼関係が必要。時間はかかるが、カンファレンスでの発言などを通じ、院内に僧侶がいてよかったと感じられる実践を積み重ねていただきたい」と、本家さんは僧侶の役割にエールを送る。現場での緩和ケアに長く携わってきた経験から、「キリスト教の信者が牧師を呼び、臨終に立ち会うケースはあったが、僧侶がいた記憶はない」と、人の終末期にそばにいて関わる僧侶の少なさを実感している。これまでは病院での死がきわめて多かったが、今後は在宅で死を迎える人が増えると見込まれている。

「みとりとは、苦しみ、悩み、悲しみと、人が亡くなるプロセスをともにすること。そこに僧侶がいる意義はあると思う。みとりの場は病院に限らず、在宅のケースもある。葬儀や法事だけじゃなく、住民たちのつらさや不安などに日頃から地道に寄り添っていれば、終末期にも家族からおのずと声がかかるのではないか」と、お寺から出て、こうした活動に取り組む僧侶が増えることを願っている。

# 病院にお坊さんは来ないでほしいといわれる時代は終わる

●善福寺（鹿児島県鹿児島市）長倉伯博住職
●潮見寺（鹿児島県薩摩川内市）三木徹生住職
●あそかビハーラ病院（京都府城陽市）

僧侶が病院の緩和ケア病棟に入って、がん患者たちの苦悩に寄り添う活動を前話で紹介した。中国地方ではまだ、こうした取り組み事例は少なく、つらい「みとり」の場に僧侶がどう関わっていくか、模索段階といえる。医療者たちとの信頼関係を築いていくことなど、クリアすべき課題は多い。先進的に取り組む僧侶を訪ね、鹿児島市と京都市で緩和ケアの現場を取材した。

## 緩和病棟に参加し続ける住職

前出の、善福寺（鹿児島市）の長倉伯博住職は二〇一六年五月半ば、市中心部に近い南風病院を訪れた。晴れた日は桜島を望める、鹿児島港そばの立地だ。十八診療科、三百三十八床を備える、鹿児島県のがん診療指定病院になっている。長倉住職は三年前、緩和ケア病棟ができたのを機に月に何度か訪問するようになった。

親や子を残して死ぬつらさ、金銭や精神的な面で妻子に負担をかけて生きるうしろめたさ、身内を失う喪失感……。ベッドサイドの看護師は、日常的に患者や家族の苦悩と向き合う。長倉住職は「つらさを受け止める医療者も、またつらい」と痛感する。

南風病院の緩和ケア病棟は医師二人、看護師十七人が担当する。長倉住職は病棟でカンファレンスに参加するだけでなく、看護師たちの悩みも聞く。込み入った話は談話室などでじっくりと。故人への看護について振り返る話にはただ耳を傾ける。

緩和ケアは、余命を宣告された患者たちの苦痛を和らげる。緩和ケア内科部長の毛利通宏医師（七十二歳）は「治療医学と違い、精神的にも荷の重い仕事」と話す。新卒で配属される看護師もいる。患者の死後、心を込めていたがゆえに自分を責めて体調を崩すケースもある。

死とどう向き合うかは、医学や看護教育の中ではなかなか教えられないため、毛利医師は長倉住職の存在を心強く感じている。「私たち医療者は死を意識する患者さんを前にして、日々悩みを抱えている。答えの引き出しの多い人がいると助けられるし、安心できる」

ベテラン医師にとっても頼りがいのある僧侶と受け止められている。

## なぜ僧侶が求められているのか

「死は特別なことではない。誰にも平等に訪れる。また会えますよ」と長倉住職。

こうした長倉住職の言葉を胸に刻む看護師も多い。絶望感しかない死を、永遠の別れととらえない仏

南風病院で緩和ケア病棟の職員たちと話す長倉伯博住職（右から３人目）

教的な死生観が医療者の心を癒やす。緩和ケア病棟の看護師長、真上美千子さん（四十四歳）は、「うつむいた患者さんの表情を穏やかにし、看護師の心を和らげてくださる。感謝していま す」とほほ笑む。

南風病院は職員七百七十人（二〇一六年五月一日時点）の大きな医療機関だ。長倉住職は同病院に毎年五十～六十人入る新人研修の講師も務める。

同病院の福永秀敏院長（六十八歳）は「病院は生老病死と向き合う場所。いのちを見つめようとする時、僧侶の視点からの示唆は、医療者として大きな助けになる」と意義を強調する。

長倉住職と病院の中を歩くと、医師や看護師だけでなく、事務職員たちも多くが顔見知りで、医療者に親しまれていることがよく分かる。

その印象について、同病院を運営する鹿児島共済会の貞方洋子理事長（七十八歳）は「長倉さんは院内でお坊さんの雰囲気を感じさせない。どの言葉も奥深い仏教の教えから出てくるのでしょうが、宗教色を前面に出しすぎない。いのちを肯定した話をされ、職員も前向きな気持ちになれる」と話す。

## 僧侶常駐の病院が普通になる

南風病院をはじめ、長倉住職は現在、鹿児島県内の三十近い病院とつながりを持つ。三十六歳の時、本願寺派主催の研修会に参加して、牧師で医師の講師から、「日本は仏教徒が多いのに、お坊さんは患者や家族がつらい時になぜ相手をしないのか」と問われ、一念発起した。

当初、終末期医療を考える会に参加を希望すると「坊さんだけは来ないで」と拒否された。病棟訪問を申し出た病院に何度も断られた。「縁起でもないと思われたのだろう。医療と宗教の溝は深いと感じたのが僕の出発点」と振り返る。

「坊さんが病院にいる風景を自然にしたい」と目標を描く長倉住職。傾聴活動で患者が和やかになった話が医療者の間で伝わり、病院から声を掛けられることが徐々に増えた。

「医療は患者が人生をさらに味わうチャンスをつくり、仏教は人生の意味を考える手段」とし、「道はまだまだ遠いが、医療の現場で医療者と宗教者が協働する意義はある」と長倉住職は力を込める。

一九九八年に長倉住職は発起人の一人として、医療関係者や学識経験者たちと「鹿児島緩和ケア・ネットワーク」を発足させた。会員は多職種で約三百人おり、年三回の研修会で学び合いながらつながりを強めている。約二十人いる世話人のうち僧侶は二人だ。ネットワーク事務局長を務める川内《せんだい》市医師会

立市民病院（鹿児島県薩摩川内市）医師の、三木徹生師（五十二歳）は浄土真宗本願寺派潮見寺の住職。

「人をみとる場面では医療者だけで収まらない部分があるのは確かだと思う。死生観、あの世観がないと、人は死んだら終わり。いのちの終わりイコール絶望しかなくなってしまう」と感じている。

一方で、僧侶の立場からは「闘病中の苦しみを知らぬまま、故人を分かったような顔で葬儀、法事を勤めるのでなく、人々の苦しみを知り、寄り添いたい」と自戒を込め、医療者と僧侶の役割を深め合うためにも輪の広がりを願う。

## 浄土真宗本願寺派「あそかビハーラ病院」

宗派が、運営に関わる緩和ケア施設もみられ始めた。

浄土真宗本願寺派の一般財団法人が設立した「あそかビハーラ病院」は、京都府南部の城陽市にある。本山からはやや離れている。京都駅から近鉄京都線に乗って新田辺駅で降り、タクシーで十五分ほどの場所に位置する。周囲には自然が残る、のどかな環境だ。

日本でまだ少ない緩和ケアを専門にした独立型の病棟は二十八床を備え、医師三人と看護師二十四人のほか、患者の傾聴活動などをする同派の僧侶三人が常駐している。詰めている部屋は八畳ほどで「ビハーラ室」と呼ばれ、患者たちもよく訪ねてくる。

「さんずの川のほとりにはね、団子屋さんがあるんだって。先に行って待ってるよ」

女性がん患者（六十四歳）が、病室のベッドサイドにいる僧侶、高橋了師（二十五歳）に語りかけた。

「僕の分も買っといてもらえますか」
顔を見合わせて笑う。

「死への不安や、つらい気持ちは誰かに話すと楽になるもの。その方の重荷を一緒に背負わせていただきたい」と高橋師。

僧侶たちは、医療現場でタブー視されがちな死後の話も真正面で受け止める。「おこないの悪い僕は地獄の鬼にきっと尻をたたかれる」。そうした訴えも否定しない。

「鬼とも仲良くやれますよ」と笑顔で受け返す。このほかに「わしもじきに火がつくんじゃのう」「国際化の時代だから、英語を翻訳できる辞書を棺おけに入れてもらう」など、患者の問いかけは幅広い。だが、こうした苦悩を打ち明けてくれるのも信頼関係があってこそだという。聴く側が、死は不幸なことという絶望的な価値観を持っていると、患者の話をはぐらかして答えを返したり、軸がぶれたりし、かえって相手の不安を強めてしまう恐れもある。

僧侶を束ねるビハーラ室長の花岡尚樹師（四十一歳）は、「僧侶の役目は話を聴かせていただき、患者さんが人生や死生観を整理するお手伝いをすること。自分の価値観をもとに答えを出すわけじゃない」と、教養などを押しつけない姿勢を強調する。

宗派内の考え方をベースに置きすぎると、その価値観からずれた患者の思いを否定してしまいかねない。だから、相手が説法を求めているケースを除いては、個別の傾聴で一方的に教えをしゃべるような姿はなじまない。身内だと照れくさくて伝えられないような、夫や妻への感謝やわびの思いを仲介する

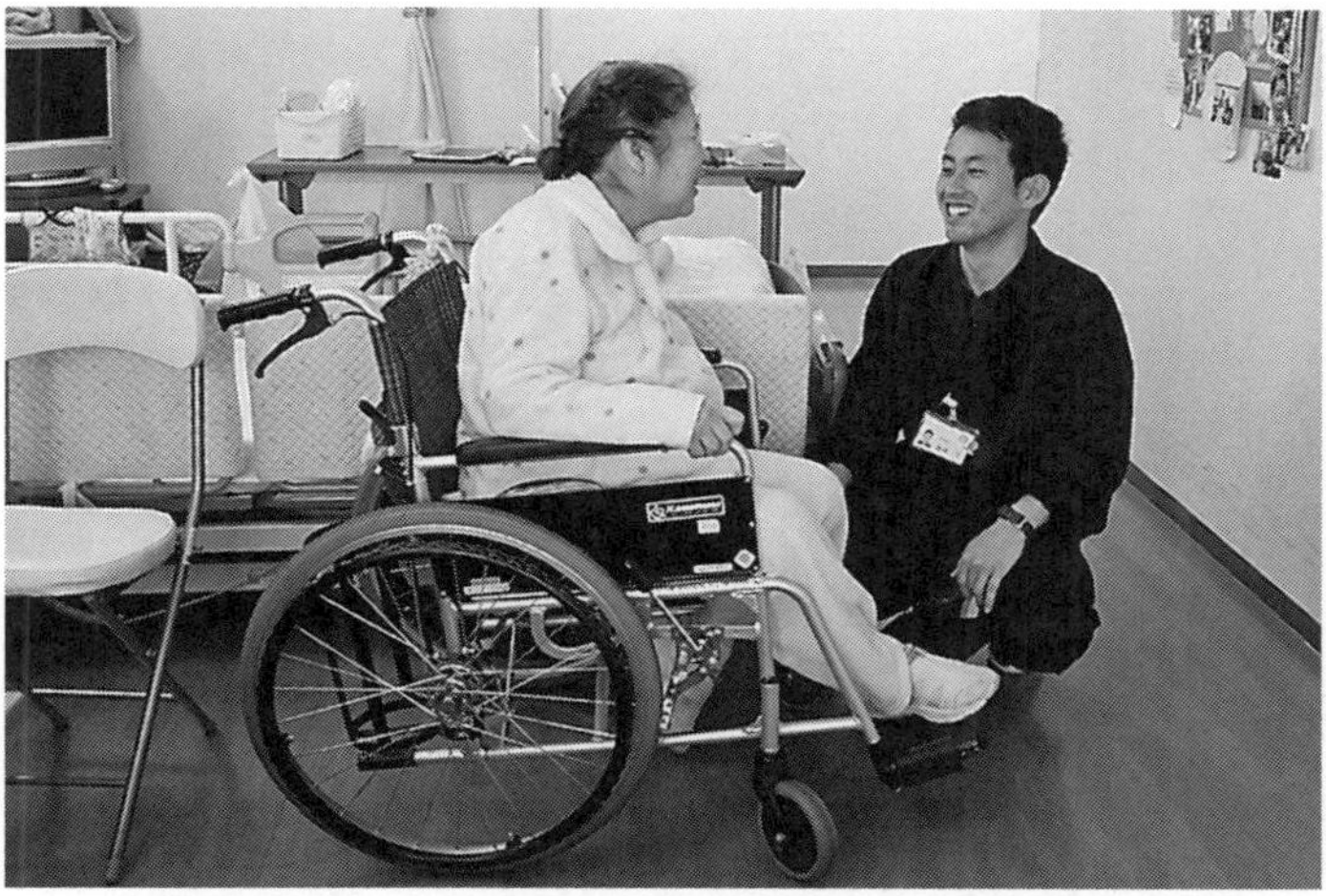

入院患者に気さくに語りかけるあそかビハーラ病院の高橋了師

こともある。「患者と家族の絆を紡ぐ懸け橋」的な役割も重要という。

## 正面玄関から故人を見送る

院内は一人部屋と二人部屋があり、平均すると、二十八床のうち十五床程度に患者が入っている。病状の説明を受ける面談室、食堂兼談話室、そして一人になれる「あそかの間」などがあり、水槽や池で観賞魚を飼っている。

病室では犬猫や爬虫《はちゅう》類などのペットが訪ねてきたり、鍋を囲む家族の笑い声が響いたり。患者にとっての日常を大切にし、敷地内にある菜園では季節の野菜も育てられる。飲酒も認めている。梅や桜が咲く時期になれば、車いすを押して一緒に花見に出かけたり、買い物に付き添ったりすることもある。

分単位で動き回る医療者と違い、僧侶は自由に動ける。平日の午前八時半から午後五時までが勤務時間で、患者の傾聴、畑仕事、施設内の観賞魚の世話など、いろいろな仕事がある。

こうした日常の中でも、患者はつらい思いを打ち明ける。スイカを植えた人は毎朝世話をしながら、「このスイカが実って食べられるまでわしのいのちはもつじゃろうか」とつぶやき、収穫の一週間ほど前に亡くなったという。

三人の僧侶は、阿弥陀如来の絵像の掛かったビハーラホールでの朝夕の勤行、夕方の法話を交代でこなし、医療者と情報交換をするカンファレンスにも出席している。

勤行と法話は浄土真宗のスタイルでこなす。この日は、六人の患者がホールに集まった。車いすに乗ったり、ベッドに寝たままだったり。全員が声を合わせ、お経を唱えた。勤行に続いて法話をした高橋師は「仏様は、いつも私たちと一緒におり、必ず救うと見守ってくださっている」と説いた。

「了くん」と呼ばれ、孫のように患者に親しまれる高橋師は山口県長門市の浄土真宗本願寺派常正寺の生まれ。二〇一四年に研修生として一年間勤め、二〇一五年春、同病院職員に採用された。

「一人一人の人生に、いい、悪いはない。畑仕事や編み物、料理と得意な分野も多彩。患者さんの数々の人生に触れ、いのちの尊さを学ばせてもらっている」と、いつも感謝の思いを忘れない。

あそかビハーラ病院は、二〇〇八年春、緩和ケアを扱う診療所として開設された。同時期に隣にできた特別養護老人ホーム「ビハーラ本願寺」と合わせ、仏教、福祉、医療が連携して生老病死に寄り添う「ビハーラ総合施設」である。宗派内でも教化活動の場とは一線を画した位置付けだ。

同病院では、亡くなった後、ビハーラホールでお別れの会を営み、職員たちは正面玄関から故人を見

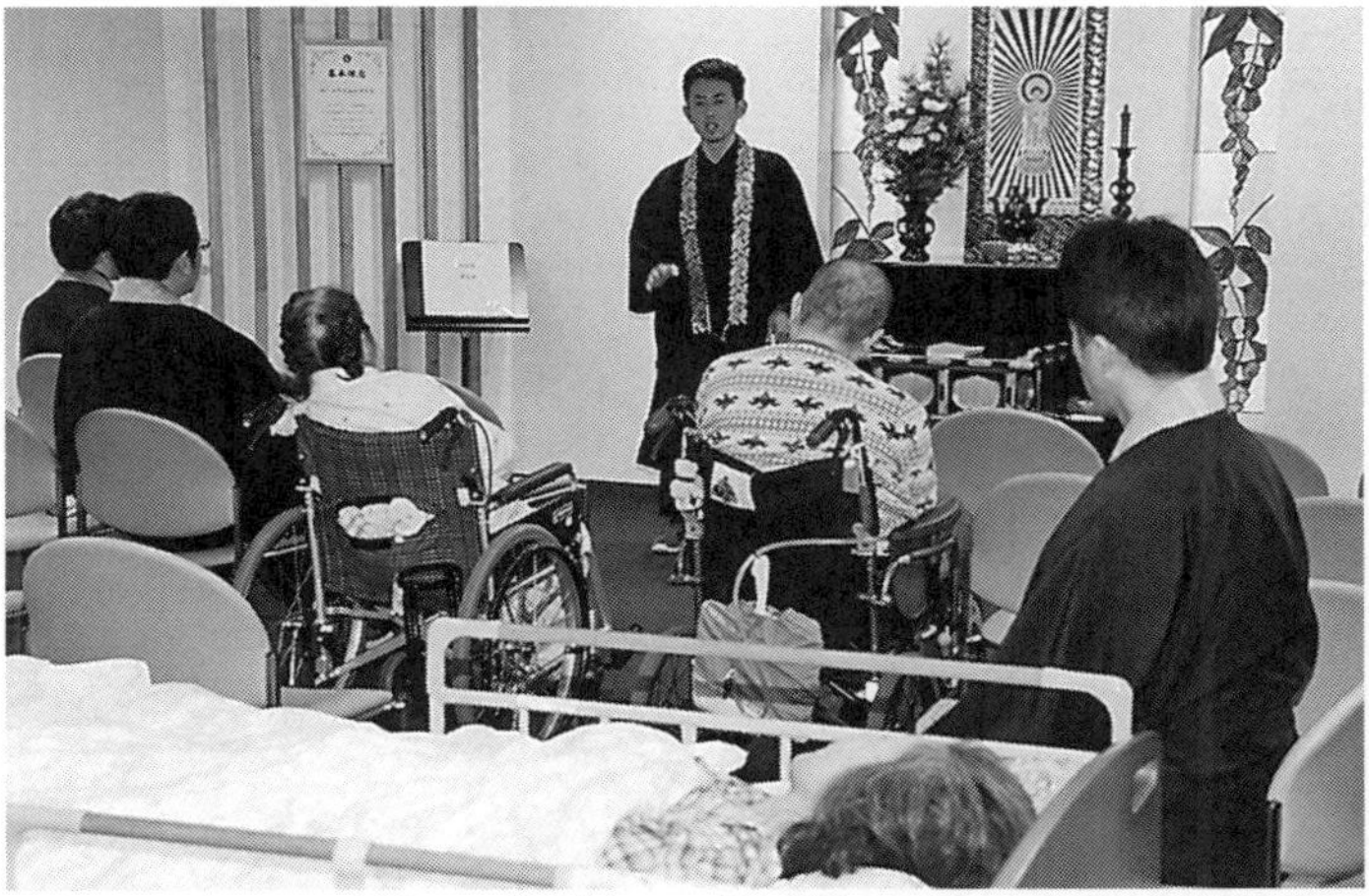

あそかビハーラ病院での法話はベッドに臥したままの患者も聴聞する

送る。死を尊いものととらえる姿勢からだ。高橋師は「その人がその人らしく最期まで生き抜く場所でありたい」と、献身的に患者と触れ合う。

## 臨床宗教師が望まれている訳

本願寺派の宗門校である龍谷大学も、医療現場などで活動する「臨床宗教師」の養成に力を入れる。東日本大震災を機に二〇一二年度に開講した東北大学に倣い、二〇一四年度に研修を始めた。一年目に座学、二年目は実習。あそかビハーラ病院での患者の傾聴、震災被災地訪問など、現場重視で学ぶ。二〇一五年度の修了者二十五人のうち、五人が医療や福祉系の現場で働く。

臨床宗教師の研修は両大学のほか、仏教やキリスト教系を中心に全国の八大学が取り組んでいる。二〇一六年二月には関係者で「日本臨床宗教師会」が設立され、研修修了者の活躍の場を広げるため、資格認定を二〇一八年度にも始める予定だ。

龍谷大学で研修を担当する文学部の鍋島直樹教授（真宗学）は「健康回復が見込めない患者の苦悩は、医療者だけでは解決できない」とする。

多死社会を控え、在宅でのみとりの増加が見込まれる中で「病院でも地域でも、人が安心感を持って死を迎えられるよう、医療者たちとのチームに僧侶も入って、ぬくもりを育む必要がある」と力を込める。みとりの場にこうして関わる僧侶たちは「われわれは特別なことをしているわけじゃない」と口をそろえる。

医療現場に限らず、苦悩を抱えた人に寄り添う僧侶の動きがもっと広がっていけば、寺院が住民たちから頼りにされ、地域での役割を再び評価してもらえる機会があるのではないだろうか。

# 僧侶は説法のみならず被災者や障害者に何ができるのか

●広島安芸教区　沼田組傾聴活動
●広島安芸教区　広島北組被災者支援活動
●「つどい・さんあい」（広島県三次市）

## 広島土砂災害被災者への傾聴活動

広島県内の寺院や僧侶が、苦悩を抱える地域住民を心の面で支援している。二〇一四年八月二十日に発生した広島土砂災害の被災地では、地元住職たちが被災者に寄り添い続ける。県北部では、発達障害の子どもを育てる母親の悩みを聴く僧侶たちがいる。苦しみを抱えた人と向き合う活動は仏教の教えの実践でもある。

二〇一六年八月一日、広島市安佐南区八木の土砂災害被災地を久しぶりに訪ねた。遠くから見ると、山肌は土石流でえぐられ当時の爪痕が生々しい。

斜面に沿って広がる住宅街に二年前、山から流出した土砂が押し寄せた。筆者も発生から数日後に取材のため現地に入った。被災地では、平地に近い場所でも膝までズブズブと土砂に埋もれ、なかなか足を前に運べなかった。大量の土砂はＪＲ可部《かべ》線の線路まで覆い、しばらくは交通網も影響を受けた。二階建ての住宅を土砂が押し流した。道路一本を隔てて生死を分けたケースもあった。安佐南区と安佐北区で七十七人（関連死含む）が死亡。肉親や知人を亡くした上、長い期間を避難所で過ごした住民の苦悩は今なお深刻だ。

この日は、浄土真宗本願寺派安芸教区の沼田組（三十カ寺）が二〇一五年九月から月に三回ほど続ける傾聴活動の日だった。八木の小原地区にある集会所に午後、僧侶と住民計七人が集まった。

「この前もろうたミニトマト、すごく甘かったよ」

参加者が、専念寺（安佐南区山本）の清信環住職（五十三歳）にほほ笑みかけた。

住民は、各回二～七人が訪れる。災害で隣人を亡くしたり、家や家財を押し流されたりした人が多い。

毎回参加する農業を営む女性（七十五歳）は自宅二階で寝ていて助かったが、家全体に土砂が押し寄せた。「避難先にじっとしていても寂しいだけだった」。そんな時、傾聴の場ができたと聞いた。子や孫たちと四世代で暮らすようになった今も「ここに来ればみんなの顔が見える」と通い続ける。

浄土真宗本願寺派安芸教区沼田組の僧侶たちが続ける傾聴活動

入り口の手作りの看板は《お休み処　お話し処》と銘打ち、「ご心配でしょう　そっと重荷を置いてください」などと記してある。活動日は、ボランティアの僧侶と門信徒計約二十人が数人ずつ、午前十一時から午後五時まで七畳半の和室に常駐する。ジュースやコーヒーなどでもてなし、出入りは自由だ。

当初は「避難先で肩身が狭い」「体調が優れない」など苦悩を打ち明ける人も多かった。月日がたった最近は、笑顔での世間話も増えた。ただ、熊本地震後に「避難生活を思い出した」という声が出るなど、被災時のつらさは今も癒えていない。

## 寺院や僧侶による利他行の実践

沼田組は、災害発生直後から土砂撤去のボランティア作業に関わり、約一カ月後に支援の委員会を組内で発足させた。地域のために何ができるかを考えていく中で、傾聴活動を決めた。「被災者の話し相手になれないか」という、被災地の住職の提案からだった。

二〇一五年四〜八月、臨床心理士を講師にカウンセリングの勉強を重ね、スキルを高めた。傾聴の場では学んだ通り、教えは説かず、苦悩にただ耳を傾けうなずく。

委員長を務める清信住職は当初から毎回参加。自家栽培のミニトマトや手作りのよもぎ餅を振る舞い、住民と心を通わせてきた。「ここですっきりした気持ちになっていただけるよう、一人でも来られる方がいる限り続けたい」と話す。

沼田組は、被災住民たちの絆を保つために企画された親睦旅行のバス代なども助成している。

組長で勝想寺（安佐南区祇園）の龍田秀明住職（六十歳）たちは二〇一三、一四年に、東日本大震災の被災地を訪問。仮設住宅などで声を掛け合って励まし合う被災者を見て「地域として元気を取り戻す大切さを教わった」からだという。全国から安芸教区に寄せられた義援金を充てたほか、組内の門信徒も協力した。

龍田住職は「仏様のお心にかなう『利他行』の実践は、私たちの大切な勤め」とし、「悲しみに寄り添えているか、元気を取り戻す助けになっているか、いつも自問している」と話す。

八月十八日には、組の三回忌法要を、安佐南区の平安祭典広島北会館で営んだ。法要を前に、土砂災害被災地にある浄楽寺（安佐南区八木）坊守の桐原伊織さん（六十三歳）は「亡くなった方と顔なじみの住民は今も、元気だった頃のお姿や笑顔を思い出す。大災害を忘れず、手を合わせて追悼する場に」と法要に思いを託していた。

## 追悼法要そして茶話会に集う

安佐南区より北に位置する、安佐北区を中心にした広島北組（十九カ寺）も十九日、広島土砂災害の犠牲者を追悼し、安佐北区可部の勝圓寺で三回忌法要を営んだ。組内の僧侶十一人が声をそろえて正信偈を唱えた。広島北組内では土砂災害で門信徒九人が亡くなり、三組五人の遺族を含む約二十五人が参列し、仏前に焼香した。

お勤めに続く法話で、妙法寺（安佐北区安佐町）の水戸憲導住職（四十一歳）は「亡き方は心の中に

被災者家族が参列した広島北組の広島土砂災害３回忌（2016年8月19日）

いてくださる。一日一日を大切に過ごされ、思いしのぶ時にお念仏を唱え、生き抜かせていただきましょう」と説いた。法要後の茶話会では、僧侶を交えて自由に懇談した。

災害で亡くなった宮本敏治さん（当時、七十四歳）の長女祥子さん（四十四歳）は、母孝子さん（七十六歳）の車いすを押して参列。遺影を胸に抱いて、仏前に手を合わせた。

「『一日一日を大切に』との法話が心に響いた。母を命がけで守り抜いた父の分も、母には元気で過ごしてほしい」と目頭を押さえた。自らも重傷を負った孝子さんは、「あの人は涙を流すのが嫌いじゃったから、私も泣かんよう一生懸命頑張って生きていきたい」と気を張っていた。

「お念仏を申す者で悲しみを分かち合い、共有いたしましょう」と被災者を励ました広島北組長で報恩寺（安佐北区亀山）の高蔵浩亮住職（五十九歳）は「私たちは、仏様や多くの方々のご恩をいただき、生かされている。

つらい思いをされている方の力になるのは報恩感謝の行」と力を込める。

## 墓を流され手を合わせる場として

組内の僧侶たちは災害直後から、それぞれ支援活動に携わった。願船坊（安佐北区可部）の秋津智承住職（五十八歳）は避難所生活の住民や、車中泊のボランティアに自坊の風呂を開放。徳行寺（安佐北区亀山）の三ヶ本義幸住職（五十八歳）は門信徒とコーヒーを作って毎朝、避難所に届け続けた。

秋津住職は、土砂崩れで墓石百二十八基のうち五十五基が流された、寺近くの高松山共同墓所にも心を配り続けた。土砂が流れ込んだ川まで行って遺骨や墓石を探し求める人たちの姿に、「長く守ってこられた先祖代々の墓を跡形なく流され、途方に暮れていた皆さんが手を合わせる場ができれば」との願いからだった。

災害後は、毎月二十日が巡りくるたびに、土砂に埋もれた墓石を集めて造った仮設の合同塚で法要を営んだ。同じ可部地区にある勝圓寺の勝岡義弘住職（五十三歳）と、品窮寺の桐原昭道住職（七十歳）にも協力を依頼し、交代でお経を上げた。

毎月二十日のお参りは合同塚と石碑が完成した二〇一六年七月まで続け、秋津住職はこの八月二十日も合同塚でお勤めをした。

共同墓所管理会の山野秀子副会長（六十五歳）は「暑い日も、雨の日も、雪の日も無償で法要を勤めてくださり、本当にありがたく思った。ショックを受けていた方々も心が救われた」と感謝する。

僧侶たちは支援活動を通じ、災害時の人のつながりがいかに大切で尊いかを痛感。あの日の記憶を次

土砂に多くの墓石が流された高松山共同墓所周辺（2016年8月20日）

世代に引き継いでいこうと、広島北組として災害記録誌の発行準備もしている。この呼びかけに応じて、これまでに、安佐北区内外の被災者や遺族からすでに二十通余りの手記が寄せられた。

区内で自宅が床下浸水した四十代の男性は《多くの人の優しさが身にしみた。あの日、差し入れていただいたおむすびの味を忘れない》と書き、いとこを亡くした男性は《心の整理はできませんが、これからは家族や知人と寄り添い、助け合って生きていきたい》と書いた。

編集担当の三ヶ本住職は「夜中に電話で声を掛け合って逃げて助かった地域もある。つながり、絆の大切さを伝えれば将来の減災に生かせるのではないか」と意義を語る。

「地域に暮らす身として私たち僧侶も亡くなった方を忘れず、いのちの尊さを心に留めたい」と問いかける。

## 障害児と家族を支えるために

島根県境に近い、広島県北部の三次市《みよし》内では、市民グループ「つどい・さんあい」に運営委員として加わって、発達障害児やその家族を支援する本願寺派の僧侶がいる。

母親たちから悩みを聴く、おしゃべり会などを通じ、心の面で寄り添う。子育てでのいらいらをリセットし、わが子へのいとしさや、優しい気持ちを呼び戻す場として参加者に喜ばれている。

二〇一六年五月末の土曜日、三次市中心部に近い酒屋地区のコミュニティセンターであった、おしゃべり会では、発達障害の子どもを育てる母親四人と、僧侶三人を含む運営委員六人が机を囲んで懇談した。市内に住む女性（パート、三十七歳）は、保育所の頃に友だちと打ち解けられなかった長女（十二歳）が書いた当時の自由帳のコピーを持参した。《いちねんせいになりたい》と書かれた、女性の宝物だ。「どの子にも弱いところがあれば、得意な分野もある。夢や希望をつぶしちゃいけない」。長女に気付かされた率直な思いを打ち明けた。

会では僧侶への質問も出る。この日は、葬儀や法事で騒ぐ子の参列をどう思うかについて問われ、了徳寺（三次市）の宍戸隆尚住職（五十八歳）は「安心しているからですよ。それもご縁。何の問題もありません」と助言した。

「私たちの思いを否定せず、『しんどいよね』と寄り添ってくれる。この場に来ると、嫌になりそうな気持ちがリセットできる」と、参加者は会を好意的に受け止める。

発達障害児と家族を支援する市民グループ「つどい・さんあい」に僧侶も参加

グループは二〇一三年夏に発足した。出会い、つながり合い、学び合いを大切にする理念から三つの語尾の「あい」を取って「さんあい」とした。小中高生や大学生を対象に自坊で学習などの支援を続ける宍戸住職が、「不登校などで困っている子どもたちがいる。僧侶としてできることがあるのではないか」と、のちに会の代表となる源光寺（三次市）の福間玄猷住職（四十五歳）に投げ掛けたのがきっかけだった。

「ハッとした」という福間住職は「私はお寺に来る人や、呼んでくださる方としか関われていない。苦悩する人に手を差し伸べられていない」と顧み、僧侶の役割を自問した。こうして、宍戸住職が支援する子の親たちと時間をかけて意見交換し、医療、福祉、教育のはざまにいて悩んでいる、発達障害の子や家族に寄り添う方法を模索した。

対外的な活動は二〇一五年八月にスタートした。一般公開して思いを分かち合う「つどい」を八月と十二月に開き、当事者や支援者たち四十一人、十八人が参加した。当事者だけのほうが発言しやすいとの声を受け、二〇一六年二月と五月にはおしゃべり会を開いた。

発達障害児の母親で運営委員として関わる田端由佳さん（三次市、四十一歳）によると、当事者同士のサークルはあるが、第三者による支援組織は少ないといい、「うちの子を抱きしめてくれるような人間性が、このグループの魅力。安心して身を置ける」とほほ笑む。

## 臨床心理士の副住職も委員として

広島県発達障害者支援センター（東広島市）によると、発達障害は自閉症、注意欠陥多動性障害（ＡＤＨＤ）、学習障害（ＬＤ）などがあり、二〇一五年度の相談は延べ千百八十一件あったという。

臨床心理士でもある、高善寺（島根県邑智《おおち》郡《ぐん》邑南《おおなん》町）の武田正文副住職（三十歳）は、運営委員の一人として「不登校やいじめの背景に発達障害があるケースも少なくない。人間性を認め合える社会のためにも、ただ『頑張れ』というケアでなく、周囲の理解が必要だ」と話す。

「仏教の視点から見ると、どの命も尊い」と強調する福間住職は「発達障害は学校卒業後も困難を伴う。今後は就労支援なども検討し、後方支援の輪を広げていきたい」と意気込む。

被災者や発達障害児たちに向き合う、こうした取り組みを見ると、僧侶の役割は教えを説くだけではないと実感させられる。自分たちの地域にお寺があってよかったと住民に感じさせる活動が住民の信頼を呼び、お寺の存在価値も高まる。

# 原爆と戦争の惨さを語り続ける僧侶たちの本音

●安楽寺（広島県広島市）登世岡浩治前住職
●教専寺（広島県広島市）故選義法副住職
●大蓮院（静岡県伊豆市）佐治妙心住職

## 仏法から復讐心を乗り越えて

広島県のお寺にとって、過疎と向き合う取り組みとともに大切な役割がある。世界で初めて原子爆弾が投下された地の僧侶として、その実相や平和の大切さを次世代へ語り継ぎ、平和な世の中を目指すことだ。被爆から二〇一五年で七十年が過ぎ、広島は復興を遂げた。一方、世界では紛争が絶えず、大国は核兵器を手放さない。そんな中で、僧侶たちはさまざまな手法で、被爆の惨状や命の尊さを次世代へつなぐ取り組みに力を入れ、平和の種をまき続けている。

広島市東区の浄土真宗本願寺派安楽寺の前住職、登世岡浩治師（八十五歳）は二〇一五年六月半ば、自坊の本堂で地元の小学三年生五十九人に被爆体験を約一時間語った。依頼を受けた約二十年前から被爆体験を語り続けている。

原爆で弟を亡くした。「平和な世をつないでいくには、黙して語らずではいけない」。つらさから体験を話さなかったが一九九四年、交流団の一員として訪れたタイで初めて被爆証言を行った。周囲から頼まれることが増え、命の尊さを伝えたい一心で引き受けてきた。

原爆投下の当時は旧制崇徳中学校（現崇徳高等学校）の四年生で十五歳。学徒動員され、爆心地から約四キロの南観音町（広島市西区）の軍需工場で鉄板の切断作業をしていて被爆した。頑丈な工場内にいて助かった。だが、旧制広島市立中学校（現基町高等学校）一年生だった弟純治さん（当時十二歳）は、爆心地から約九百メートルの小網町（中区）へ建物疎開に行っていて、熱線に焼かれた。夕方、担架に乗せて寺へ連れ帰ったが、六日後の十二日に死亡した。

純治さんが亡くなる二日前、枕元で父母と二番目の姉とともに、お経を唱えた。純治さんも言葉にならないが口を動かしていた。読経後、四人の顔を見渡した純治さんは、その場にいた一人一人に「ありがとう」と告げ、そのまま意識が途絶えた。念仏の教えを胸に、最後まで感謝の心を忘れなかった純治さん。棺おけは吹き飛んだ天井板で作り、火葬した。初めて直面した身内の死。「このかたきは絶対にとってやるからのう」と誓った。だが終戦後、戦争のむごさを見聞きして、「日本が間違った戦争をしていた」という反省の思いも出てきた。終戦の翌年、一九四六年五月に得度し、仏教の学びを深めるにつれ、復讐心のむなしさを感じ始めた。

思いを変えたのは「怨みに報いるに　怨みをもってすることなかれ　怨みに報いるに　慈悲をもってせよ」という、仏教の教えだった。その意味を「お釈迦様は、こちらがつえを手にすると、相手もつえを取ると説かれた。つえは武器と考えられる。復讐は新たな争い、戦争を招く」と受け止める。今は復讐心は一切ない。「アメリカの人たちと温かい心の交流を重ねることが、平和な世の中を築いていく上で大切」と力説する。

被爆後の何年間か、放射線の後障害で級友たちを次々に失った。生きて再会した友人とは「生きとったか」と喜びを分かち合った。「誰も皆、一つしかない大切な命。念仏を通し、生命の大切さをそれぞれが自覚したい」と願う。

被爆体験を語る安楽寺の登世岡浩治前住職

児童たちにはいつも、「平和な世に生まれたことをありがたいと思ってください」「きょうだいや友達とけんかしても『ごめんね』と握手して必ず仲直りしてください」と、人と人がつながって生きる念仏の教えを身近な表現にして説く。

爆心地から二キロ余りの本堂は、骨組みを残して原爆で全壊した。平和学習で安楽寺を訪ねてきた児童は、境内にある樹齢三百五十年近い被爆イチョウに手を触れ、生命の尊さを体感して帰る。

証言を聞いた子から届く感想文には「友達とけんかをしません」などと直筆の誓いが書かれている。登世岡師は純粋な思いに触れ、未来への希望をつなぐ。

## 原爆症で他界した祖母の手紙

広島市西区の浄土真宗本願寺派教専寺副住職、故選《こせん》義法師（四十三歳）は、広島県西部の安芸教区（五百四十六カ寺）で平和・環境部会の副部長を務める。原爆や平和の問題と真正面から向き合うきっかけは、原爆で両親を亡くした母公子さん（七十五歳）から五年前に手渡された一通の手紙だった。

差出人は、一九四五年八月三十一日に三十一歳で原爆症のため亡くなった祖母の藤末輝子さん。八月十日付で山口県の義父に宛て、被爆直後の様子などが便箋十六枚にペンで書かれている。故選副住職が手紙を手にしたのは、部会の一員として、戦争体験のない世代が何をどう語り継いでいくべきかと悩んでいた時期。母に頼んで初めてその半生を語ってもらった後だった。

あの日、輝子さんは爆心地から約一キロ離れた寺町（広島市中区）の自坊にいた。原爆で倒壊した庫裡の下敷きになった夫義城師を救出しようとしたができず、念仏を唱えながら、迫る火の手から逃れた。義城師はそのまま亡くなった。

手紙には、《私はからだは人間でも心は鬼と化して仕舞いました》《私は未だにあのまま一緒に死ぬるのが妻の道であったかと苦しみ続けてゐます》《可愛い子供があるのでそれを育て、倶会一処の時を待ちませう》《すみません。輝子をお叱りください。大事な義城様を殺しこんなお知らせをするこの輝子を。すみません》などとつづってある。

当時五歳だった公子さんは広島県河内町（東広島市）の寺に疎開していて、助かった。その後、十六枚の手紙を「お母さん」と胸に抱き続け、苦しい時に広げては、生きる糧にしてきた。「仏法のように深く、味わい深い手紙。布教使を務めている息子に伝え、法話で生かしてほしい」との思いから義法副住職にこの手紙を託した。

義法副住職は部会のメンバーとして、本願寺広島別院（広島市中区）で毎年七月に営まれる戦争死没者の追悼法要や、関連行事など平和関連の取り組みの準備、運営などを仲間たちとこなす。行事を通じ、

「僧侶も戦後世代が増え、何を伝えていくのか、自分を含めて分からなくなっている気がする」と感じている。

亡き祖母の手紙を持つ教専寺の故選義法副住職

五年前、教区主催のシンポジウムでコーディネーターを務めた時、若い世代がどう被爆体験を語り継いでいくかなどについて、同世代の講師たちと議論した。原爆投下後の様子を描いた絵を見た被爆者の男性は「もっとひどかった」と首をかしげた。その姿に「あんたら若い人に何が分かるのか」と言われているような気がした。そんな時に受け取った祖母の手紙だった。

自らを「鬼」と何度も表現し、義父にわびた輝子さん。浄土での母との再会を「倶会一処」の教えによって信じ、母に恥じない生き方をと努め続けてきた公子さん。義法副住職は

二人の姿を「こんなに悲しく、つらい倶会一処があるのかと心に染みた。一方で、この教えを信じ続けることが、二人の本当の救いになったと思う。ただの苦労話ではない」と受け止めている。

「三人の子を育てる普通のお母さんだった祖母に、自らを『鬼』と言わせたのは戦争。争いでは決して決着がつかず、遺恨を残すだけ」と非戦の思いを新たにした。「仏法を聞いていた祖母は、自らが『罪悪深重の凡夫』だと気付き、念仏のはたらきで救われたのではないか」と、聴聞の大切さもあらためて実感した。

今も、平和の尊さの伝え方に迷い、模索する日々が続く。ただ、母や祖母の思いに触れて「仏法を通じて平和を唱えていくことが僕らの使命」との思いが強まる。「人が人と争う最悪の状態が戦争。お互いが悪人同士だと仏法は教えており、そのことに互いが気付けば戦争は静まっていくのではないか」と考えている。

## 原爆を甘く考えてはいけない

僧侶だけでなく、門信徒たちも平和の尊さを訴える。広島市西区の森本範雄さん（八十六歳）は六月初め、本願寺広島別院で大学生たちの若手グループが開いたイベントに参加し、約百人を前に被爆体験を語った。「戦争は夢も希望も何もかもを奪う。悲惨さ、平和の尊さ、命のありがたさをくみ取ってほしい」と会場に問いかけた。

森本さんは一九四五年八月六日、爆心地の南約一・一キロで被爆し、頭部や腕などを熱線に焼かれた。

当時は十七歳で、国民学校の臨時教員だった。あの日は帯状疱疹のため学校を休み、路面電車に乗って自宅から病院へ向かっていた。中学校の同級生と道ばたで偶然出会った。立ち話をしていたら、太陽よりも明るい光が真っ正面から目に飛び込んできた。爆風で吹き飛ばされ、地面にたたきつけられて意識を失った。

どれくらい時間がたっただろう。辺りは真っ暗で、耳はよく聞こえない。見渡すと、丸裸の人が、のれんのように皮膚が垂れ下がった両腕を前に出し、歩いていた。「地獄に落ちたんじゃろうか」。そう思い、自分の体を見た。焼け焦げてはいたが、服を着ていた。熱線は、目の前にいた友人の体を直撃し、その陰になったため生き残った。我に返り、敵の次の攻撃があると思い、無我夢中で逃げた。助かりたい一心だった。「私はその場で動けなくなっていた友を見捨てた。私は心をなくしていた。人間の心を奪うのが戦争の怖さだと思う」と強調した。

その後、臨時野戦病院になっていた元織物工場に収容され、九月初めまで過ごした。無傷だった同年代の女の子も歯茎の出血、抜け毛、紫色の斑点を発症し工場内で亡くなった。その後も、放射線の後障害でがんや白血病などを患い、死亡する人は多くいる。「原爆は何十年たっても災いをもたらす恐ろしい兵器。甘く考えてはいけない」と力を込める。

あれから七十年。日頃は、平和記念公園（広島市中区）を訪ねてきた修学旅行生たちにつらい体験をひもとき伝え続けている。日本の政治に目を向けると、集団的自衛権などの問題が気になる。

「後方支援などと政府は安易に言うが、実戦はそこが最も狙われる。戦争体験者なら百も承知」と指摘し、「原爆に限らず、戦争は一般人も巻き込んで平穏な日常生活を壊す。戦争を知らない人たちにその実態、怖さを伝えていってほしい」と次世代を担う若者たちに思いを託す。

## 生きたくても生きられない命

広島の心を伝えようという動きは、県外の僧侶にも広がっている。日蓮宗大蓮院（静岡県伊豆市）の佐治妙心住職（二十八歳）は、手作りの紙芝居に平和への願いを託している。

描いたのは、広島市内で被爆し、白血病のため十二歳で亡くなった佐々木禎子《さだこ》さんの物語。千羽鶴を折ると病気が治ると信じ、希望を持ち続けた姿を伝える。法務の傍ら全国の学校や寺、海外などでも公演。毎年夏には、広島市中区の平和記念公園を訪れ、原爆の子の像近くで来園者に読み語っている。

絵本を通じ禎子さんの折り鶴に関心を持った。両親に頼んで広島を初めて訪れたのは小学二年の時。級友たちからの度重なるいじめに悩んでいた時期だった。「何のために生まれてきたんだろう」自問しても心は晴れない。小学三年の時に校舎から飛び降りようとしたこともあったが、禎子さんの折り鶴を思い出し、とどまった。

「禎子ちゃんは生きたくても生きられず、好きな学校も行けなかった。私は生かされ、通学できている。自ら命を落としたら、禎子ちゃん、悲しむだろうな」

命の尊さを考えた。折り鶴にこもる禎子さんの平和への祈りを語り継ぎたいと思った。小学六年の時、水彩絵の具やクレヨンでA３判画用紙に紙芝居十四枚を描き、全校児童約百人に初めて披露した。

伊豆市内の妙蔵寺で生まれ育った。十二歳で得度し、宗門校の高校と大学に進んだ。毎年夏の広島通いは、中学二年の時から夏休みに続ける。長崎も訪れる。大学生になると寺、学校、保育園と依頼が口コミで増え、公演回数は現在四百回を超えた。長崎と沖縄の紙芝居も作った。いずれも実話に基づいて、親子の絆や命の尊さを伝える。

紙芝居で原爆の悲劇と平和を説き続ける大蓮院の佐治妙心住職

「武器を持って争うことだけが戦争じゃない。それぞれの心に争いの芽がある。いじめもその一つ」と感じる。

互いの心を敬う仏教の教え、「但行礼拝」を挙げ、「あなたの心の中にも仏様はいる。一人一人に相手を思いやる心が育てば、戦争は防げるのではないか」と説く。禎子さんの物語には、親子の愛情、級友の思いやりなど、生きる上で大切な教えが詰まっているという。

紙芝居を使う意味を「一つ一つの絵と自分自身を重ね合わせ、見る人が想像力を働かせられる」と強調する。紙芝居を入れて公演で使う木枠は、佐治さんが小学三年の時に七十六歳で病死した祖父堯英師が、中学校で国語教諭をしていたころに使っていた遺品だ。

各地を公演して回っても初めのころは、いじめを受けていたことは隠してきた。だが、「つらい経験を話すことで救われる命がある」と知人に諭され、十九歳の時から小学校時代の体験も語る。公演中に泣いたこともある。

「つらい過去を話すのは勇気が要る。被爆者の方も同じだろうと思う。戦争を知らない私たちは、その気持ちをちゃんと受け止めないといけない」とかみしめる。

また、活動を通じて、禎子さんをモデルにしたブロンズの「平和の子の像」の寄贈を受け、当時住職をしていた妙蔵寺境内に八年前建てた。二〇一四年十月に結婚し、同寺の法務は夫に託し、近くの大蓮院の住職に就いた。

平和を願う活動は祖父の堯英師の後ろ姿からも学んだ。兵役でビルマなどに赴いていた堯英師は戦後、パゴダ（仏塔）を妙蔵寺境内に建て、世界各地で集めた戦死者の遺品を収め、供養し続けた。戦友たちを思って造った平和の鐘は、祖父の遺志を継いで毎年八月六、九、十五日に今も響かせ続けている。

「平和は一人一人の心のありようから築いていける。苦しい時は折り鶴を一羽作ってみてください。きっと、人の痛みを自らの痛みとして受け止める優しい気持ちが生まれるはず」とほほ笑む。

# 被爆七十年の広島で仏教者と世界の宗教者は何をしたか

●「平和を願う法要」
●「全戦争死没者追悼法要並びに原爆忌七十周年法要」
●「ヒロシマ原爆忌・戦没者慰霊七十周年大法要」
●シンポジウム「二度と戦争を起こさない――核兵器廃絶をめざして」
●日中韓仏教友好交流会議日本大会

## 各宗派の広島教区の被爆者慰霊

被爆から七十年目だった二〇一五年は、国内外から宗教者が広島へ集い、それぞれに法要を営んで平和への思いを発信した。七十年という歳月が経ち、焼け野原だった被爆地は復興を遂げ、「七十年は草木も生えない」といわれた焦土は緑に包まれている。

一方、復興が進んだ裏側で、あの日を知る被爆者は高齢化し減少の一途。一瞬にして十四万人もの命を奪った原爆の悲劇も、風化が進んでいるのが現実だ。宗教者たちは、被爆の実相をあらためて胸に刻んで、諸宗教間対話や、心の面から人々に平和を問いかける活動の大切さを確認した。

浄土真宗本願寺派の大谷光淳門主は、戦没者を慰霊し、平和を願う二つの法要で導師を勤めた（次頁の写真）。広島県西部の安芸教区と、広島市中区の本願寺広島別院が七月初めに開き、門信徒や僧侶たち延べ約二千八百人が参加し、宗派トップの言葉に耳を傾けた。

七月三日は平和記念公園（中区）の原爆供養塔前で「平和を願う法要」を営んだ。続く四日は広島別院で「全戦争死没者追悼法要並びに原爆忌七十周年法要」があり、熱心な安芸門徒たち約千八百人が仮設のテントを張った広い境内を埋め、「正信念仏偈作法」を勤めた。

大谷門主は、二つの法要で平和への思いをそれぞれ語り、教団として戦争に協力した歴史を「忘れてはいけない」と指摘。「戦後七十年の歳月を、戦争の悲しみや痛みを忘れるためのものにしてはならない」とも説き、若い世代が、戦争の痛みの記憶や平和を語り継いでいく「責務」を強調した。

終戦後、広島市内で被爆者を手当てした東広島市の女性（八十六歳）は「戦争がないのが一番です。互いを批判しなければ平和は訪れる。はやくそんな世の中になってほしい」と、初日の法要で涙を浮かべた。

二つの法要に参加した市内の寺院の坊守（三十六歳）は「ご門主の言葉に平和を語り継いでいく熱意がにじんでいた。再び惨事を招かないよう、戦争を知らない世代として何をどう伝えるかを真剣に考えたい」と受け止めた。

広島別院での法要は、浄寶寺（中区）の諏訪了我住職（八十二歳）が記念布教し、原爆で両親と姉を亡くした自らの記憶をひもといた。同寺は当時、商店や旅館などが立ち並ぶ、爆心地近くの旧中島本町

本願寺広島別院の死没者追悼法要に臨む大谷光淳門主（2015年7月4日）

（同）にあった。諏訪住職は国民学校六年生だった。広島県三《み》良《ら》坂《さか》町（三次市）の寺に疎開していて助かったが、家族は被爆死し、一人になった。

つらい過去を振り返りながら、「人間はなぜ戦争をするのでしょうか。お互いが自らに問うてみなければならない」と参加者に語りかけた諏訪住職。

「戦争を行う時は、相手が悪く自分は正しいと主張する。戦争の悲惨さ、恐ろしさ、恨みにとどまり、被害者、加害者ということに固執しているならば、立場を異にした人間の自我の衝突は免れられない」などと、人間の自己中心性や独善性の恐ろしさを説いた。

広島県内の浄土宗広島教区が、二〇一五年七月七日に営んだ「ヒロシマ原爆忌・戦没者慰霊七十周年大法要」で導師を勤めた浄土宗（総本山知恩院、京都市東山区）トップの伊藤唯眞・浄土門主は、中国新聞の取材に、次のような思いと決意を述べた。

〈戦争の憎しみを超えていくため宗教心を大切にし、理解、寛容、慈愛の気持ちを持ちたい。被害者と加害者の立場を超えて、対立し合う者同士が一緒になって憎しみが消えていくよう努力すべきだ。「共生」「和合」の心を、現代人の乾いた心の中に注ぎ込みたい。科学の発達は大事だが、核の力は人の心によってプラスにもマイナスにもなる。兵も武器も一切無用という、無量寿経の「兵戈《ひょうが》無用」の四文字を心に刻むべきだ。悲惨さを語り継ぎ、平和への決意を固めるのはわれわれの責務。「過ちは繰り返さない」ことを心の碑文として持ち続けよう〉

## 宗教を超えた核兵器廃絶行動

海外の宗教者を交えた国際会議も相次ぎ開かれた。

被爆七十年に合わせて、原爆の日の八月六日、広島市中区のホテルであったシンポジウムは「二度と戦争を起こさない ―― 核兵器廃絶をめざして」をテーマに、平和を実現するために宗教者が果たす役割を探った。神道、仏教、キリスト教、イスラム教などの宗派を超えて集う初の取り組み。心の面から平和を説く大切さや、憎しみを超えた幅広い対話の必要性を確認した。

十三カ国から市民を含む約二百五十人が参加。冒頭で、主催団体の一つでカトリック信徒の国際団体聖エジディオ共同体（イタリア）のアルベルト・クアトゥルッチ事務局長は「戦争が人の心から起こるように、平和もわれわれの心から創り出される」と強調。「宗教にとって記憶と伝統は宝。過去の痛みを忘れず、平和な未来を築く学びを」と説いた。

ジョセフ・チェノットゥ駐日バチカン大使は「困難な状況でも、対話と交渉が必要」と力説した。

核兵器廃絶を目指して意見を交わす世界各国の宗教者（2015年8月6日）

十三歳で入市被爆した広島東照宮（広島市東区）の久保田訓章宮司は証言に立った。当時の市内の様子を「地獄」と表現し、「こんな思いを誰にもさせてはならないというのが被爆者共通の強い思いだが、忘れられた歴史は繰り返される」と危機感を示した。

シンポは、聖エジディオ共同体が超宗派の世界連邦日本宗教委員会、世界宗教者平和会議（WCRP）日本委員会に呼び掛けて、合同で企画。二部に分けて四人ずつが登壇して意見を交わし、平和を実現するための宗教者の役割を探った。

「核兵器廃絶の課題」についてアブドッラー国王宗教・文化間対話のための国際センター（オーストリア）のファイサル・ムアンマル事務総長は、憎しみや恐れなどから対立や紛争が広がり核兵器保有競争の悪循環が起きている現状を危険視。「対話でこそ、持続可能な平和を創ることができる」と強調した。

会場からは、原爆投下が戦争を終わらせ、米国人を救ったと考える人が米国内に依然多い点を指摘し、認識が違う人同士の対話の在り方に疑問が出された。ムアンマル事務総長は「広島を訪ねて過去を学び、宗教指導者が政治に関係する人を動かさないといけない」と説いた。

二部の「今後の核兵器廃絶への行動」では、宗派を超えた幅広い宗教間の連帯、市民運動に取り組む団体との協力などの提言が出された。

シンポの最初にあいさつした広島市の松井一實市長は「志を同じくする者として心強い。皆さんの議論の成果を世界へ発信し、核兵器廃絶への取り組みをリードしてほしい」と期待を寄せた。

核兵器禁止条約の締結に向けた交渉開始を、各国政府に促していくことなどを盛り込んだ共同アピール文も採択。インターネットなどを通じ世界に向けて発信する。

議論を終えて、天台宗の元宗務総長でWCRP日本委員会の杉谷義純理事長は「人間の倫理観を目覚めさせるため、宗教者は、理念にとどまらず動かないといけない。きょうを、そのスタートラインにしたい」と決意を新たにしていた。

## 日中韓の仏教者らが集う意味

日本、中国、そして韓国の仏教者が広島市中区の平和記念公園に集い、「原点回帰――心の平和の構築を願って」をテーマに九月十五日に開かれた日中韓仏教友好交流会議日本大会は、諸宗教の対話を通じた相互理解の必要性などを共有した。会議は三カ国を順に巡って毎年開き、二〇一五年で十八回目。被爆七十年に合わせて初めて広島で開いた。歴史認識をめぐる政治的な対立を超え、仏教者同士の絆を深める場として根付いている。

「仏教の果たすべき共通の役割はすべての人々の心に平和を構築していくこと」。天台宗総本山延暦寺の前執行で、日中韓国際仏教交流協議会の武覚超《たけかくちょう》理事長は、各国が意見を述べる場で力説した。具体的な取り組みとして、仏教の祈りと布教、平和を目指した諸宗教対話の推進を挙げた。

中国佛教協会の明生・副会長は広島開催の意義について「戦争の怖さを身をもって知っているからこそ、ありがたい平和な世界をもっと大切にすべきだ」と強調。戦禍を繰り返さないよう、三国仏教界の団結を呼びかけ、「他国や他民族を傷つけず、自制と妥協が必要不可欠」とした。

原爆慰霊碑に献花し合掌する日中韓の仏教者（9月15日）

大会では各国の意見発表を前に、参加者約三百人が平和記念公園を練り歩き、原爆慰霊碑に献花。原爆供養塔前で般若心経を唱えた。続いて広島国際会議場で、国ごとに二十分ずつ、世界平和祈願法要を営んだ。

法要の祈願文で、韓国仏教宗団協議会の慈乗会長は、平等を説いた自他不二の教えを挙げながら「加害者と被害者という思考から離れ、対立や葛藤が支配的である現代の構造を、共生と和合に置き換えなければならない」と説いた。

原爆で父、姉、妹を失った被爆者の女性（八十六歳、広島市東区）は自らの体験を証言した。八月五日夜、姉十九歳、妹七歳の誕生日を祝ったばかりで、崩れた家の下敷きになった妹の遺体のそばに、母手作りのおはぎが落ちていたエピソードなどを紹介。「二度と悲しい思いをする人がいないように争いのない、核のない、平和な世界の実現を」と訴えた。

会議は、一九九三年に京都であった日中友好仏教協会の創立四十周年行事で、中国佛教協会の会長だった趙樸初師（故人）が「三国仏教界に黄金の絆を」と、設立を提唱。第一回大会が中国・北京で一九九五年に開かれた。日本では、京都や奈良での開催に続き、今回が六回目だった。

日中や日韓関係が、政治的に対立した時期も会議は欠かさず続いてきたという。

武理事長は、恨みではなく、慈悲の心で接することが相互理解につながるとし、「恨みの連鎖を断ち切らないといけない。三国の仏教者が集う場は、国同士の融和を図っていくための文化的な道」と会議の意義を説明した。

最後に採択した共同宣言でも、アジアには多様な人種、民族、文化、宗教などがあるとし、仏教徒が先頭に立った「対話」の実践を提言した。

会議を終えた中国の明副会長は取材に対し、核兵器について「不拡散」を主張。軍縮の大切さに言及しながらも、核兵器廃絶への積極姿勢は示さなかった。「大事なのは心の戦争を止めること。アジアの人々の心に傷をもたらすような日本の政治の行動を叱るべきだ」と述べた。

韓国仏教宗団協議会の月道事務総長は、核兵器について「人間の欲が生み出した、あってはならない兵器」と、廃絶の必要性を指摘。「日中韓は東アジアでの運命共同体。慈悲によって黄金の絆を築き、共存していきたい」と話していた。

## 異なる価値観で何ができるのか

被爆七十年に各宗教者がヒロシマで残した発言の意義や、平和実現に向けた宗教の役割はどんなことだろう。

広島市立大学広島平和研究所（安佐南区）の水本和実副所長（国際関係・核軍縮）は、宗教間対話の重要性に着目する。「宗教間の対話が強調された。日中韓仏教友好交流会議での発言にある三国の『黄金の絆』は、国家の枠を超えて宗教者が誠実に向き合おうとする姿勢を表し、意義深い」と評価した。また、世界ではイスラム教をテロ集団と混同して排斥する動きがあることについては、「教義を正しく理解すれば、排他的な宗教などはない。宗教が自らの価値観を暴力的に押しつけるのは危ない。宗教の対立が紛争の要因にもなっており、宗教界の役割が問われている。すべての宗教者には対話の姿勢を大切にし、共存へと人々を導く役割がある」と現状を見る。

国際会議で、物欲や利己主義を平和の敵と訴えた発言については、「現代社会で、物欲や利己主義を堂々と主張しているのが国家だ。工業文明で新しいものを作り、競争を勝ち抜いて経済力を伸ばすことがよいとされ、資源を得るために武力も行使する。この姿勢は個人の物欲に通じる」と指摘。「個人は戒められても、国家レベルでは許されている。強者が発言力を持ち、自らが正しいと価値観を押しつける。個人では慈悲、互いを尊重する心が尊ばれるのに、国家間では真逆のことがまかり通っている。国家が利益を無制限に求めれば衝突が起きる。国家の指導者も宗教者の指摘に耳を傾けるべきだ」と言う。

宗教的視点から、紛争の解決法や平和への道筋を示すことはできるのか。

広島平和研究所の水本副所長は、そのポイントとして「人間は本来、善である」との宗教者の主張を重要視する。

「冷戦後の国際紛争は民族や宗教、文化、言語の対立が最大の要因。どう克服できるか、決め手がない。宗教者の言う、心へのアプローチは大きなヒントだ。人間にとって、科学文明がいかに発達しても、心を切り離しては生きられない。政治指導者も、何らかの宗教的価値観を持ち、科学を超えて何かにすがろうという気持ちのある人が多い」とし、「軍縮でも国家間の信頼がないと武器は減らせない。各国の指導者の心に訴えると、軍縮につながる可能性はある。異なる価値観を認め合う宗教の力を借りれば、解決法が見出せるかもしれない」と期待を込める。

# 平和活動にボランティアに海外支援にと活躍する僧侶たち

●「非戦平和を願う真宗門徒の会」
●浄福寺（島根県大田市）高津眞悟住職
●西善寺（広島県三次市）小武正教住職

## 非戦平和を願う真宗門徒の会

広島県や島根県など浄土真宗の信仰が盛んな地域で、学んだ教えを単なる知識にとどめず、社会や実生活での実践につなげ、生かそうとする動きが見られる。平和活動をはじめ、東日本大震災の被災地支援、国際貢献など、さまざまな形で僧侶や門信徒たちの取り組みが目を引く。

安全保障関連法をめぐる論議をきっかけに、浄土真宗の門信徒たちが二〇一五年夏に結成した「非戦平和を願う真宗門徒の会」は、同年十一月下旬、初めての集いを本願寺広島別院（広島市中区）で開いた。僧侶を含む約三十人が参加し、平和への思いを語り合って共有した。願いを左右する国政の動きを注意深く追いながら、仏法をよりどころとして、安保法廃止を目指して国への働きかけなどに粘り強く取り組んでいる。

非戦平和を願う真宗門徒の会は、安保関連法案の審議が大詰めを迎えていた二〇一五年七月下旬、呉市の浄土真宗本願寺派門信徒、石橋純誓さん（五十三歳）が、知人の門信徒たちに呼びかけて結成した。浄土真宗本願寺派と真宗大谷派の賛同者は二十五都道府県で計四千人を超えた。そのうち七百人余りが会員登録し、今も輪を広げる。今後は両派以外の門信徒にも入会者を広げていくという。

当初、集いは、会員同士が活動について話し合ったり親睦を深めたりする狙いで開いた。呼びかけ人の石橋さんは「社会で起きていることを自分の問題としてとらえ、教えに照らすと、安保法制は決して見過ごせない」と強調する。

参加者からは「慈悲の教えを生き方の基準とし、戦いのない社会を目指した活動を続けよう」などの意見が出た。「念仏者九条の会」の共同代表で浄土真宗本願寺派西善寺（広島県三次市）の小武正教住職（五十八歳）は、門徒の会を支援する立場で参加。「戦争や差別のない社会をつくることが、念仏をいただく者の生きる姿勢。殺さない、殺させないという教えは、憲法第九条の精神と通じている。互いに協力し行動したい」と説いた。

被爆者も集いに駆け付けた。原爆で母と姉、妹を亡くしたという広島市中区の女性（九十歳）は「人間は命を全うして終わるのが本来の姿だが、人を生きたまま殺すのが戦争。平和な生活を一変させる。二度とあってはならない。私も、何かお役に立つことがあればしたい」と訴えた。

石橋さんは、学んだ教えを実生活で生かす必要性を説き続けた、元龍谷大学長の故・信楽峻麿《たかまろ》さんの生き方を胸に刻む。兵も武器も一切用いないと説いた仏説無量寿経の「兵戈無用」、慈悲の心を持って

国の安保関連法制に抗議し続ける「非戦平和を願う真宗門徒の会」

殺生しないことを教えた仏説観無量寿経の「慈心不殺」をよりどころに活動する。

会として、賛同者の名簿を添えた抗議文を安倍晋三首相に宛てて二〇一五年七月と八月に一度ずつ郵送した。安保法の成立前後の九月十七、十八、十九日には抗議のファクスを送信。その後も毎週、金曜日になると、「兵戈無用」「慈心不殺」と書いた安保法廃止を求めるファクスを首相官邸などに送り続ける。法律が施行された二〇一六年三月二十九日には、首相宛てに抗議文をあらためて送った。

「法案通過は悲しかったが、諦めていないという私たちの意思表示」と石橋さんは話す。「言論統制の厳しかった戦時中でも、戦争反対を表明した安芸門徒がいたと聞く。その姿勢を受け継ぎたい」と力を込める。こうした国への働きかけと合わせ、会は本願寺派に、安保法廃止を国に求めるよう書面で三度要望している。

「このままでは七十年前と同じあやまちを繰り返し、門信徒を戦地へと送り出すことになる」との危機感からだ。

現在は、安保法廃止に向けた全国的な運動に賛同し、署名集めに力を入れている。思いを分かち合う集いも、開催地を変えながら開き、活動の基盤を固める。二〇一六年四月十日には山口県山口市の本願寺山口別院で二度目の集いを開いた。石橋さんは「門信徒同士の横のつながりを強め、生きた宗教として社会の問題に向き合う会にしていきたい」と話している。

## 被災地へのボランティア活動

二〇一一年の東日本大震災以降、宗教界もボランティア活動などで被災地を支援する中で、遠く離れた中国地方からも現地へ通い続けている僧侶がいる。浄土真宗本願寺派浄福寺（島根県大田《おおだ》市水上《みなかみ》町）の高津眞悟住職（五十六歳）だ。

高津住職は、福島県と宮城県の二カ所の仮設住宅と個人的につながりを持つ。宗教者の目線から見た被災地と人々の生き方には、「お互いさまの心」など現代人が忘れかけた大切な教えがにじんでいたという。

福島県の国見町と宮城県の南三陸町の仮設住宅を年二回、高津住職は訪ねている。門信徒たちから預かった支援物資を車に積んで、片道約千三百キロを走る。三月は学校の春休みを使って坊守と娘、息子の寺族四人で、七月は僧侶の仲間と回る。高津住職自身は自家製のそば粉でそばを打ち、子どもたちも焼き鳥やたい焼きなどを作って仮設住宅で暮らす人たちに振る舞う。

二〇一一年の秋に初めて現地を訪ねた帰り際に、ある漁師が「『また来る』と言って、来た者はいない」とつぶやいたことがある。その言葉を聞いた高津住職は、自分たちボランティアへの「また来て」

というメッセージを重く受け止めたという。その漁師とは今も、毎回訪ねるたびに交流がある。

「真っ暗闇で出口が分からないと人は不安を感じるが、人の真心に出会い、『見守られている』と思えると、明かりが差し救われる。気遣いや優しさが伝われば皆さんを笑顔にできる。『必ず救う』と、私たちを見守ってくださる阿弥陀様のはたらきのように」と高津住職は力を込める。

漁師町の南三陸の人たちは、船が流されたり、家の二重ローンを抱えたりしながら「私たちはどんな被害を受けても、この海でしか生きられない」と、震災があった年の秋にはワカメの種付けを始め、再び海と生きようとしていた。その姿を見て、高津住職は「逆に勇気をもらった気がした」と振り返る。

「『元気をもらって帰る』と話すボランティアが多いのもうなずける」と、現地の人たちとの触れ合いをかみしめる。高津住職が仮設住宅を訪れて撮った写真には、笑顔の被災者が並ぶ。

被災地訪問を続ける高津眞悟住職

「皆さんが喜んで迎えてくださり、自分が必要とされていると感じる。その笑顔が、私たちを動かす原動力。被災者の方々の何げない一言一言も、私にとっては仏様の言葉に聞こえる」と話す。
高津住職にとって、現地で聞いた、ある話が印象に残っている。
津波の押し寄せた場所で、食べ物のない被災者がスーパーやコンビニのあった場所で缶詰を拾って食べた。「ごめんなさい」という気持ちからか、後日になって、「おかげで生かされた」と、店主にお金を払いに行った人がいたが、その店主は「あの時はお互いさまですよ」と受け取らなかったという。

「現代は目の前ばかりを見て、豊かになることを善とする。心がすさんできたとも思うが、被災地では感謝の気持ちを強く感じさせられた。仏教の盛んな日本ならではなのか、被災地の日常の中で大切なことをたくさん教わった。目に見える豊かさだけで人は幸せになれない。心が大切なのだと」。こう、高津住職は心のありようを現代人に問いかける。

二〇一六年で震災から五年がたち、訪ねている仮設住宅を離れる人が増えてきたが、被災者の心の傷はまだ癒えていないと感じる。原発事故の影響も現在進行形だ。

「まだまだ支援はいる。私は仏教の根本を、布施の心の実践だと思っている。その一つがボランティア。その輪の広がりはうれしい」といい、今後も今の形で被災地とつながっていこうと考えている。

## 海外仏教国への教育支援活動

前出、広島県三次市にある西善寺の小武正教住職たちが続けているのは、ミャンマー（旧ビルマ）から軍政に追われた人たちへの支援だ。難民の暮らすタイのキャンプを毎年訪れ、現地の学校運営を物資や資金面で支えている。同国は、国民の大半が仏教を信仰し、僧侶は人々の尊敬を集める存在だ。九回目の二〇一六年は、つながりのある大学生も連れ、二月中旬に訪問。門信徒や市民から寄せられた支援金を届け、子どもたちと遊びや料理で交流した。助け合って暮らす難民の姿に触れる中で、仏教に根差した「ともに生きる心」の大切さをかみしめた。

小武住職が代表を務める「メラウーキャンプ教育支援の会」が訪ねたのは、ミャンマー国境に近いタイ北西部の「メラウー難民キャンプ」。民族などの単位で設けられた学校のうち、「ヤウンニーウー学校」を支援する。同校は、民主化運動に携わった学生が自分たちの子どもの教育のため開設。十二年制で、現在は日本の小中高校生に相当する年齢の約四百八十人が学んでいる。キャンプの一角にはお寺も設けられている。

タイのミャンマー難民の子どもらと交流する小武正教住職

二〇一六年は二月十日～十五日の日程で、国際支援にボランティアとして携わる大学生を含む八人が参加した。難民キャンプには二日間滞在し、学校内のバザーで巻き寿司を作ったり、ドッジボールをしたりして交流した。

難民は、タイ軍が監視するキャンプから自由に出入りできない。食事は、朝と晩の二食のみ。非政府組織（ＮＧＯ）などから届く米や豆が中心だ。農業は、自家菜園程度しか許されていない。多くの大人たちに仕事はなく、切った竹や織物などを売って、肉や魚などを買うために現金収入を得ているという。

学校でも給食はない。竹で骨組みをしただけの簡素な学校で、子どもたちは朝から午後三時ごろまで勉強している。授業内容は、算数や国語など本国の子どもたちと同じ。民主化運動や平和についても学んでいる。小武住職は「限られた食料を分け合い、規律を持って生きる姿にいつも惹きつけられる。日本では薄れつつある心だ。支援に行って、こちらが学ばせてもらっている」と話す。

立命館大学一年生の吉田悠生さん（十九歳、京都市北区）は、難民支援のサークルに入っている縁で初めて参加した。「キャンプは閉ざされた社会。将来への夢や希望を持ちにくい。無邪気に遊ぶ子どもたちを見ていて、何もしてあげられない歯がゆさを感じた」と振り返る。

支援の会は、ミャンマーの最大都市ヤンゴンで僧侶たちによる反軍政デモがあった二〇〇七年、「ビルマの僧侶と連帯する仏教徒の会」として発足。広島市内で抗議集会を開いた。現地の僧侶の中には軍政側にすり寄る人もいたというが、多くは仏教の教えに照らし、反軍政で結束した。「偽僧侶」と軍政側が発砲し、死者が出る中でも信念を貫いた姿に、小武住職は、「すべての人の幸せを願う僧侶本来の姿」と感動したという。

学校支援は、活動を通じて知り合った難民のココラットさん（四十五歳、愛知県一宮市）の仲介で二〇〇八年から続ける。毎年六十万円の現金に加え、校舎の電力を賄う発電機やパソコンなども贈った。

学校の年間運営費は約三百万円。かつては、韓国の医師グループから年百万円が届いていたが、経済的理由で二〇一三年度になくなり、財政事情は厳しい。学校の建物は傷みが早いため、毎年のように修繕する必要がある。教師の給料は、月に三千円程度。親のいない子などは学校の寮に入っているため、その食事代などもいる。小武住職たちの会に加えて、海外に出て生活する難民から送られる支援金で何とか成り立っている。ココラットさんは「難民支援で最も大切なのは教育。子どもたちをきちんと育てていかないと国の未来はない」と、日本からの支援の必要性を訴える。

政治的には二〇一五年十一月の総選挙でアウン・サン・スー・チー氏率いる国民民主連盟（NLD）が圧勝、民主化の流れが加速している。一方、キャンプ内の難民が祖国に帰るには三〜五年はかかる見通しだという。各地の地雷除去や居住地など、克服すべき課題が多いためだ。

先が見通せない中で、支援の会も約七十人いた会員が半数に減り、支援金が集まりにくくなってきた。金額を多めに出してくれる人がいて、六十万円の支援金を何とか保つことができた。

子どもたちの中には、難民キャンプ内で生まれ、全く外へ出たことのない子もいる。卒業後は、NGOのスタッフや教師になる子が何人かいるが、大学や専門学校に行きたいと思いながらも、その多くはキャンプで仕事もないまま生活している。

小武住職は言う。「医者、先生と、それぞれに将来の夢を抱いている。社会に役立とうと目標を立て、生きるために熱心に勉強している。彼らが祖国に帰れる日まで支援はまだまだ必要だ。もう一度輪を広げ、応援し続けたい」。そう協力を呼びかけている。

メラウー難民キャンプの学校内でミャンマーの子どもらと巻き寿司づくりをする（写真・メラウーキャンプ教育支援の会）

# ヒロシマの仏教者による核兵器廃絶活動の重さ

●本覚寺(広島県広島市)渡部公友副住職
●浄寶寺(広島県広島市)諏訪義円住職
●「8・6ヒロシマ平和の夕べ」(広島県広島市)
●世界宗教者平和会議(WCRP)

人類史上初めて、原爆が投下された広島市。あれから七十一年が過ぎたが、今もなお、大国を中心に数多くの核兵器が残る現状を、広島市民は憂慮し、核兵器廃絶を願い続けている。

広島市内の各寺院も、関係者や檀家を原爆で亡くし、本願寺広島別院(広島市中区)は、肉親を失った多くの安芸門徒たちの心のよりどころになった。そうした歴史から、広島の寺院住職たちの日頃の活動と「平和」は切り離せない重要なテーマである。

二〇一六年の夏も、住職や檀家たちがその悲劇を伝え、次世代に平和な世界を引き継ごうとそれぞれに取り組んだ。超宗派の世界的な宗教者グループも、核兵器廃絶を目指した集いに力を入れるなど、被爆地の願いに寄り添う。

「ノー・モア・ヒロシマ、ナガサキ」の活動の輪が宗教界でも広がる。

## 僧侶が被爆体験伝承者として

日蓮宗本覚寺の渡部公友副住職（中央）と浄土真宗本願寺派浄寶寺の諏訪義円住職が被爆体験伝承者として活動を開始

そうした中で、広島市内の四十代の僧侶二人が、二〇一六年春、同市中区の原爆資料館で「被爆体験伝承者」として活動を始めた。いずれも、市の公募に応じて計三年間の養成研修を修了し、広島平和文化センター（中区）の委嘱を受けた。被爆者から研修などを通じて聞き取った体験談を観光客たちに語り、命の尊さや、非戦平和への思いを伝えている。

被爆者に代わって原爆被害を語る伝承者は、被爆者が高齢化して証言活動が難しくなり、市が二〇一二年度に養成を始めた。二〇一六年春までに研修を終えたのは、主婦や定年退職者たち計七十五人。日蓮宗本覚寺（中区）の渡部《わたなべ》公友副住職（四十五歳）と、浄土真宗本願寺派浄寶寺（同）の諏訪義円住職（四十四歳）が名を連ねる。

渡部副住職は二〇一六年六月末の木曜日に、資料館東館一階で伝承講話に臨んだ。五年前から続けていた証言活動を体調不良でやめた新井俊一郎さん（南区在住、八十四歳）の体験談を伝えた。

広島高等師範学校附属中学校（現広島大学附属中学校）一年生だった新井さんは八月六日、「農村動員挺身隊」として赴いていた原村（現東広島市）から入市被爆した。渡部副住職は、大やけどを負った姉妹が手をつなぎ、励まし合って逃げていたという体験談を引用し、「話を聞いた時、うちの娘は幼稚園児。子どもがそんな目に遭ったらと思うと涙が止まらなかった。どんな理由があっても戦争はいけないと誓った」と自らの思いも語った。

講話は約十人が聞き入った。大阪府枚方市から観光で初めて広島を訪れた六十代の夫妻は「子どもたちも巻き込まれる戦争の恐ろしさをあらためて感じた。世界は、核兵器開発の話が後を絶たず不穏。原爆や戦争の恐ろしさを伝えていただきたい」と話していた。

「原爆は無差別に人を殺す兵器。僧侶の方々は命に日々思いを巡らせておられる。伝承者として大いに期待している」と、渡部副住職に思いを託す新井さんは「生き残った者の負い目など、被爆者の心の部分も伝えていってほしい」と願っている。

## 伝えなければならぬと決意した訳

渡部副住職の自坊の本覚寺は爆心地から約五百五十メートルにあり、寺は原爆で全壊、全焼した。当時の住職をはじめ、寺にいた五人は全員が被爆死。戦後まもなく、渡部副住職の祖父正康さんが入寺し、寺を代々受け継いでいる。

長男、長女が通う本川小学校（中区）の平和資料館でガイド活動を三年前に始めた渡部副住職。修学旅行生たちに原爆被害について話すうち、全体的な知識が足りないと感じて二〇一三年度、伝承者に志願した。

「私が伝えさせていただいていいのか、戸惑いもあったが、今は使命感と誇りを持って活動している」と、二〇一六年春から七月までに計五回、原爆資料館で証言した。

一方、諏訪住職は二〇一二年一月に浄寶寺へ養子に入った。爆心地に近い原爆慰霊碑そばに同寺はあり、義父の了我さん（八十二歳）自身は疎開していて助かったものの、父母と姉を失って孤児になった。祖母の長門寿子さんも、爆心地から約一・七キロの金屋町（南区）で被爆。当時を語りたがらなかったが、ある年の八月六日朝、自室で泣いている様子を見て、祖母の心の深い傷を知った。

浄寶寺に来てから、原爆死没者を悼む法要の導師を勤めたり、法話などで体験を語ったりする了我さんの姿に触れて、「伝えなければならない」との思いを強くした。伝承者の研修を通じ、学徒動員中に被爆した女性の体験談を受け継がせてもらうことになった。

諏訪住職は「被爆者の方の証言を引き受けるのはとても重い役割」と自らに言い聞かせ、「悲しみや痛みを忘れずに受け止め、伝えることが、戦争を再び引き起こさない力になる」と希望を抱く。

## 寺院でのヒロシマ平和の夕べ

広島市民たちの有志でつくる実行委員会は、原爆が広島に投下された八月六日に合わせて、本願寺広島別院を会場に「8・6ヒロシマ平和の夕べ」を開いた。実行委が毎年続けて九年目の二〇一六年、お寺を初めて会場に選んだ。

原爆で肉親を亡くし、心身に傷を負った被爆者が心のよりどころとした別院から、追悼の心を込めて核廃絶を発信しようと企画した。約二百五十人で埋まったホールで、被爆者たちが核兵器なき世界や脱原発への思いをスピーチし、共有した。

平和講演の講師は、爆心地から約三キロの広島市庚午北町（現西区）の自宅で被爆した、児童文学作家の那須正幹さん（山口県防府《ほうふ》市在住、七十四歳）。児童書『少年たちの戦場』にちなみ、「児童文学では、子どもたちは被害者としてしか描かれずにきた。だが、子どもが戦場で人を殺している国もある。そうさせるのが戦争の恐ろしさ」と指摘した。

東日本大震災後、原発事故の影響を受ける福島県の小学校で、広島の被爆と復興について話し、「希望を失わないように」と励ました体験も紹介。講演を聞いた女児が、「私たちは三十歳までに死ぬと思う」と漏らしたことに触れ、「ショックだった。核兵器、原発とも放射性物質というものは身体だけじゃなく心まで傷つける」と述べた。

平和講演の前には、僧侶や被爆者、東日本大震災に伴う原発賠償関西訴訟原告団代表の計三人が、リレートークでそれぞれの思いを語った。その一人、広島県原爆被害者団体協議会（坪井直理事長）の池田精子副理事長（安芸区在住、八十四歳）は、十二歳の時に学徒動員先の鶴見町（現中区）で被爆し、顔に大やけどを負った体験を証言し、「憎しみがあるところに平和はあり得ない」と力を込めた。

## 原爆犠牲の多くが安芸門徒だった

平和の夕べは、「反戦平和研究集会」の名で二〇〇八年にスタート。賛同の輪が広がり、当初約百人だった参加者は二倍以上になった。毎回、著名な漫画家や学識経験者たちを講師に招き、広島市中区内の別のホールを借りて続けてきた。

会場を広島別院に移したきっかけは、浄土真宗本願寺派安芸教区が二〇一五年夏「非戦・平和を願って70年」をテーマに広島別院で開いた平和行事。平和の夕べ実行委は、教区の公募に応じ、被爆ピアノの演奏会を六月に開いた。

行事参加を通じ、復興を願って再建された別院の歴史などを知り、「原爆犠牲者の多くは安芸門徒。命日である八月六日の行事にふさわしい会場」と考えた。教区側も「二〇一五年の行事を縁に別院での活動の輪が広がることは、平和の問題を見つめ考える、いいきっかけになる」と歓迎する。

広島原爆で伯父を亡くした実行委事務局長の森上雅昭さん（山口県萩市在住、六十四歳）は「皆さんのスピーチを聞き、核廃絶

本願寺寺広島別院で行われた「8・6ヒロシマ平和の夕べ」

を進めないと人類の幸せがこないとあらためて実感させられた」という。

森上さんは二〇〇八年から中心となって関わり、別院開催を提案した立場から「平和の原点は命を大切にする人の心。被爆者のお墓が多い寺町の中心にある別院で、平和を誓えたことは活動の新しい出発点になった」と強調した。

## 世界宗教者平和会議反核活動

被爆者の願いを受け止め、世界九十カ国以上にネットワークを持つ、超宗派の世界宗教者平和会議（ＷＣＲＰ）が、核兵器廃絶を目指した集いを活発に開いている。

二〇一五年八月の広島市、十一月の長崎市に続いて、二〇一六年八月初めには東京都内で、「核兵器廃絶に向けた国際特別セッション」を開き、連携強化を声明で確認した。取り組みは、核兵器禁止条約の実現に向けた世界的な機運盛り上げに、宗教界も役立とうとの思いからだ。

セッションは核兵器の使用・威嚇を「一般的に国際法違反」とした国際司法裁判所（ＩＣＪ）の勧告的意見から二十年になるタイミングに合わせた。東京都渋谷区の国連大学で二、三日にあり、十一カ国から宗教者や平和活動家たち約八十人が集った。初日は、関係者で廃絶に向けた道筋を議論し、公開された二日目は、高校生や一般市民約六十人も参加した。

マハトマ・ガンジーの孫であるエラ・ガンジーさん（南アフリカ在住、七十六歳）は、宗教者であり平和活動家でもある視点から「ガンジーが遺産として残した非暴力の行動を理解している人が少ない」

東京・国連大学で行われた超宗教超宗派による世界宗教者平和会議。「核兵器廃絶に向けた国際特別セッション」では活発な論議が行われた

と現状を危惧。

「非暴力で平和な手段による抵抗のほうが優れた武器だ」と訴えて、「祖父の遺産である非暴力の行動で、憎しみや報復の連鎖を断ち切ろう」とアピールした。

プロテスタントの連合体である世界教会協議会のジョナサン・フレリッチさんは「人類が今後も生存し続けるには核兵器禁止条約が必要」と強調した。

世界で絶えない紛争について、「宗教と暴力が絡み合ってしまっているのが現実」と警鐘を鳴らしたのは、カトリック信徒の国際団体「聖エジディオ共同体」（イタリア）のアルベルト・クアトゥルッチ事務局長。

「核軍縮で効果を上げるには宗教間の同盟が必要で、世界を変えるツールとして宗教が使われなければならない」と説いた。

## 全宗教が核兵器に反対するために

議論では、秋葉忠利前広島市長がオバマ米大統領の広島訪問の意義を解説した。

日本原水爆被害者団体協議会（日本被団協）の田中熙巳事務局長は、「原爆は悪魔の凶器」と主張し、さらに、「宗教は人道を支えていく上での大きな規範」と宗教者への期待感を表した。長崎から参加した高校生平和大使も被爆三世としてスピーチし、祖父の悲願である核廃絶への思いを語った。

一九九六年の勧告的意見に大きな役割を果たしたＩＣＪ元判事、クリストファー・ウィラマントリー氏は体調が優れず来日できなかったが、文面でメッセージを寄せた。

「未曽有の破壊力を持つ核兵器の非人道性と違法性について、さまざまな角度から全面的に訴えるＩＣＪの判決を最大限に活用するのは私たち。この兵器は、今を生きる人類にとっても、来たる将来世代の人類にとっても、私たち人類の責任を裏切るものだ」と主張するウィラマントリー氏は「全宗教が戦争を非難し、非人道的な大量破壊兵器の使用が宗教的規範を壊してしまうことを示して」と宗教者への期待感を表した。

最後に採択した声明文は、

「無差別性を有する大量破壊兵器としての核兵器は本来的に邪悪。したがって、核兵器の開発ならびに保有さえも道義的に異常といえる」

と批判。廃絶に向け、市民や政府関係者たちとの効果的なパートナーシップ構築への決意を盛り込んだ。参加者が各国で広めるほか、ＷＣＲＰ日本委員会は日本政府に届ける。

## 超宗派の青年宗教者を中心として

一九七〇年に発足したWCRPは、国際委員会の本部をアメリカのニューヨークに置き、仏教、キリスト教、イスラム教、ヒンズー教など多様な宗教者が加盟。軍縮のほか、難民支援や環境保護などの問題に取り組んでいる。

なかでも、核兵器廃絶はWCRPが最も重視している課題の一つ。二〇〇九、一〇年には、青年宗教者を中心に核兵器廃絶や全世界の軍事費10％削減などを目指す署名活動を展開。百四十カ国で二千万人以上の署名が集まり、国連に提出した。

戦後七十年が過ぎ、「オバマ米大統領が広島を訪問する一方、被爆者が高齢化してきた。核兵器廃絶に向けた動きは今が正念場」（WCRP日本委員会）として、機運を高める取り組みに力を注ぐ。二〇一五年は八月六日に広島で超宗派のシンポジウム、十一月には長崎市内で科学者との対話集会を開いた。

天台宗の元宗務総長でWCRP日本委員会の杉谷義純理事長は記者会見で、「日本は核の傘に入っているから、核兵器廃絶に消極的といわれている」と述べ、核兵器禁止条約締結に向けて日本政府に何らかの働きかけをしていく考えを示した。

# おわりに

「はじめに」で紹介したように、私は中国新聞で「洗心」という紙面を担当するまで、宗教とあまり縁のない生活をしていた。法事で仏前に向かって合掌しつつ、正月には初詣で神社を訪れる。現代で言うと、人並みの宗教との付き合い方であろう。

家や祖父母方には仏壇があり、盆や彼岸には墓参りをする。それでも、大人から聞かされていた仏様のイメージは「悪さをすると罰が当たる」「粗末にすると悪いことがある」という、どこか怖い存在だった。ところが、洗心の取材を通じて一変した。

広島で浄土真宗を信仰するいわゆる安芸門徒の方々はしきりに「ありがたい」と言う。今食べている物、出会った人、恵まれた仕事。そのすべてが当たり前ではない。感謝する気持ちが仏前で自然と現れる姿に、感動すら覚えた。寺は、自分の心と素直に向き合わせていただく場なのだと感じさせてもらった。

寺を訪ねて取材すると、帰ってすぐは、何事にも感謝する生き方をしなければと反省の心がわき出てくる。だが、しばらくすると、欲や愚痴が出て、また煩悩にまみれた自分に戻ってしまう。そんな話をすると、ある門徒さんが教えてくれた。「人間は誰もそんなもの。どんなに気を付けていても腹が立つことがあるし、他人を悪く言うこともある。あれがほしい、これがほしいと欲も出る。そんな私のような者のために仏様がいらっしゃる。お寺に参ると、心がピンと伸びる。じゃからね、日々のお寺参りが大切なんよ」。この話を聞いて、日本人はこうして宗教心や道徳心を養ってきたのだと思った。中山間地域の狭いエリアに寺が密集してある理由もうなずけた。寺はまさに、身近な心の道場なのだと…。

そうした心の古里のような寺が今、岐路を迎えている。過疎の現状を取材してみると、いろんな宗派の多くの寺でその疲弊ぶりがうかがえた。お参りする人が高齢化し、法座などへの参加者は年々減っている。けれども、寺側ではあの手この手でアピールを試みて、成果を上げているケースもあった。

だが、こうすればお参りが増えるという決定打はないように思う。答えを見出すとすれば、寺や地域の資源をどう活用するかだろう。本書で紹介した取り組みを見ても、住職や門信徒の特技や寺の立地条件を活用するなど、寺ごとの「オーダーメード」で難局を切り開こうと努めていた。

本書で書いたもの以外に、紹介したい興味深い活動がある。山口県岩国市錦町の浄土真宗本願寺派善教寺の取り組みだ。「春を楽しむ集い」とうたう催しで、古里を離れた門信徒たちを春に招き、ワラビやフキ狩りなどを通して触れ合っている。

特色は子どもたちが多く参加する点だ。農業のプロである仏教壮年会のメンバーが山菜を育て、婦人会がそれを材料にした料理をみんなに振る舞う。「山菜づくし」はワラビやユキノシタ、コゴミ、タケノコの天ぷらをはじめ、煮物やウドのきんぴらなどで、料亭さながらのメニューだ。もちろん本堂ではちゃんとお経を唱え、岡崎公隆前住職の法話も聞く。門信徒たちは自然に触れ、仏教に触れ、帰りは土産のワラビやフキをどっさり持って帰る。大人だけでなく子どもたちにも最高の思い出となることだろう。参加者は着実に増えて、将来への種まきになっているのは間違いない。

岡崎前住職は言う。「厳しい過疎、高齢化の真っただ中だが、先を不安視して大切な今を見失うより、今ある人材で今輝きたい。田舎の寺にとって人材は財産です」と。

私自身、お寺との出遇いで心が洗われた気がする。地道な種まきがいつの日か、実を結ぶことを願っている。

取材では百カ寺を上回る住職をはじめ、檀信徒、各宗派の本山、研究者の方々にお世話になった。ご多用の中、快く協力してくださった皆さんにこの場を借りてお礼を申し上げたい。とりわけ『月刊住職』の矢澤澄道編集長、同誌編集部の皆さま、書籍部の長谷川葉月さんにも、出版に当たって数々のご助言をいただいた。心より感謝を捧げたい。

二〇一八年十月　著者

著者紹介

桜井 邦彦 *Sakurai Kunihiko*

1974(昭和49)年、岡山県生まれ。広島大学総合科学部卒業後、中国新聞社に入社し国際部、岩国総局、報道部などを経て現在、文化部記者。地域の宗教をはじめ、「文化」「くらし」について取材している。

**人口減少寺院の底力** **地方紙記者のインパクトルポ**

2018年12月15日　第1刷発行

著者© 桜井 邦彦

発行者 矢澤 澄道

発行所 株式会社 興 山 舎

〒105-0012 東京都港区芝大門1-3-6

電話 03-5402-6601

振替 00190-7-77136

http://www.kohzansha.com/

印刷
製本 中央精版印刷 株式会社



ISBN978-4-908027-63-5　C0036

定価はカバーに表示してあります。

落丁・乱丁本はお手数ですが、小社宛にお送りください。

送料小社負担にてお取り替えいたします。